시진핑

★ ☆ 탐구

시진핑 탐구

유상철

LiSa

차례

머릿말 시진핑 탐구를 시작하며   7

1부 시진핑의 중국 어디로 가나

1장 시진핑은 왜 한국을 중국의 일부라 말하나   15
2장 시진핑은 왜 6.25 전쟁을 정의의 전쟁이라 주장하나   24
3장 시진핑은 왜 마오쩌둥의 시대로 돌아가나   35
4장 시진핑은 왜 마윈을 때리나   44
5장 시진핑은 왜 중국 대문에 빗장을 거나   55
6장 시진핑은 왜 신 천하주의를 거론하나   64

2부 시진핑의 머릿속에 무엇이 들었나

1장 시진핑 DNA 1 - 권력이 진리다   79
2장 시진핑 DNA 2 - 전통의 수성   87
3장 시진핑 DNA 3 - 홍색의 강산사유   95
4장 시진핑 DNA 4 - 반역하는 투쟁 본능   105

5장 시진핑 DNA 5 - 신하에도 굽히는 현실주의   112

6장 시진핑 DNA 6 - 소아 버리고 대아 취하는 집단주의   121

3부 시진핑은 어떻게 중국을 다스리나

1장 시진핑과 공산당, 누가 누굴 이용하나   131

2장 시진핑의 권력엔 완성이 없다   140

3장 중국인은 왜 들고 일어나지 못하나   148

4장 애국을 머리에 쏟아붓는다   157

5장 중국의 하늘에도 신은 존재하는가   166

6장 시진핑의 말은 왜 이렇게 거친가   177

7장 한 번 연을 맺으면 끝까지 간다   187

4부 시진핑 앞엔 어떤 난제가 놓였나

1장 미국을 어떻게 넘을 것인가   199

2장 중국 통일의 대업 이룰 수 있나   214

3장 시진핑은 언제까지 집권할 것인가   227

4장 시진핑은 독재자 딜레마에 빠졌나   240

맺음말   249

시진핑習近平 탐구를
시작하며

사람들은 태평성대를 꿈꾼다. 그러나 그저 꿈꿀 뿐이다. 세상은 늘 태평하지 않다. 멀리 우크라이나 포화는 1년 넘게 계속되고, 가까이 북한은 걸핏하면 핵과 미사일 으름장이다. 그러나 뭐니뭐니해도 현재 세계가 직면한 최대 도전은 미·중 싸움이다. 무역에서 기술과 이념으로 전선은 확대일로다. 민주民主와 전제專制 중 어떤 세상에서 살 것인가의 다툼이기도 하다. 배경엔 중국의 급격한 부상이 깔려있다.

리콴유 전 싱가포르 총리는 생전 "급부상한 중국은 필연적으로 패권을 추구할 것이며 그건 결코 부드러운 패권은 아닐 것이다. '영원히 패권을 추구하지 않겠다'라는 중국의 약속은 신뢰를 얻기 어렵다"라고 말했다. 14억 중국이 세상의 중심 무대로 거칠

게 뛰쳐나오면서 세계사의 물줄기가 바뀌고 있다. 세상은 이제 중국을 중심으로 돈다고 해도 과언이 아니다. 그런 중국을 우리는 어떻게 이해하고 상대할 것인가.

마오쩌둥毛澤東이 어떻게 혁명할 것인가에 답을 했다면 덩샤오핑鄧小平은 어떻게 발전할 것인가의 해법을 제시했다. 이제 시진핑은 무슨 답을 내놓으려 하나. 중국을 어떻게 강하게 할 것인가가 핵심이다. 여기서 모든 문제가 터지고 있다.

시진핑은 두 개의 야망을 추구 중이다. 국내적으론 중화민족의 위대한 부흥이라는 중국꿈中國夢 실현, 대외적으론 인류운명공동체 건설이다. 중국 인민의 영수를 넘어 세계 만인의 영수가 되겠다는 야심이다.

오늘의 중국을 보려면 '유일한 존엄定于一尊'이 된 시진핑에 집중해야 한다. 그가 자기의 역사적 위치를 어떻게 판단하고 중국과 세계의 미래가 어떻게 흘러가고 있다고 보는지 그의 생각을 읽어야 한다. 한데 중국 지도자들 속내 읽기가 어디 그리 쉽나.

"장쩌민江澤民의 익살은 자신의 진짜 능력을 감추기 위한 속임수로 비치고, 후진타오胡錦濤의 침묵은 그와 마주한 상대에겐 채워야 할 빈 시간일 뿐이었다."

영국의 중국 전문가 케리 브라운의 말이다.

시진핑 집권 이후 중국은 꼭 제도와 규칙이 이끄는 나라는 아니게 됐다. 그는 "중국의 선조들은 2,500년 전에 이미 '백성에게 이로우면 굳이 옛 법을 따를 필요가 없고 일하기에 좋다면 굳이 습속을 따를 필요가 없다苟利於民 不必法古 苟周於事 不必循俗'고 말했다"라고 강조한다. 관례와 규칙에 얽매이지 않겠다는 것이다. 자연히 지도자인 시진핑 개인의 요소가 그 무엇보다 중요해진다.

그러나 집권 10년이 지났어도 시진핑의 머릿속에 무엇이 들었는지 제대로 잡아내기 어렵다. 여전히 불투명하다. 시진핑의 지인들 말에 따르면 그는 여러 사람과 다 잘 어울리지만, 결코 자기 생각을 드러내지 않는다. 60도짜리 배갈 10병을 다섯 명이 마셨는데 마지막까지 허튼소리를 하지 않은 건 시진핑이 유일했다고 한다. 시진핑은 친구를 만날 때도 이상하게 긴장하는 모습이 역력했다는 평가다. 그는 왜 이리 조신한 걸까.

시진핑이 13세 되던 1966년 12월의 일이다. 시진핑은 40여 년 후 자신이 교장이 되는 중앙당교中央黨校와 결코 잊을 수 없는 인연을 맺게 된다. 대륙을 광풍의 도가니로 몰아넣은 문화대혁명이 시작된 그해 어린 시진핑은 문혁을 가볍게 평가하는 말실수를 한다. 대가는 참혹했다. 바로 '현행 반反혁명분자'로 몰려 중앙당교에 갇힌 것이다. 당시 중앙당교는 6명의 '주자파走資派'를 상대로 비판 대회를 개최했다.

비판 대상에 오른 5명은 성인이었고, 시진핑 혼자 미성년 아동이었다. 이들은 모두 무겁고 뾰족한 철제 모자를 써야 했는데 시진핑만이 그 무게를 이기지 못해 두 손으로 받쳐 들어야 했다.

"때려잡자 시진핑".

단상에 올려진 시진핑을 향해 단하의 군중이 손을 불끈 치켜들며 외쳤다. 무수히 울려 퍼지는 군중의 외침 속에는 어머니 치신齊心의 목소리 또한 묻어 있었다. 강제 동원된 것이다. 단하의 어머니가 단상의 아들을 때려잡자고 소리쳐야 하는 현실의 고통을 아마도 겪어보지 않은 이는 헤아리기 어려울 것이다. 비판 대회가 끝난 뒤에도 지척의 모자는 자리를 같이할 수 없었다.

하긴 한때 시진핑의 정치적 라이벌로 여겨지던 보시라이薄熙來는 문혁 당시 자신의 붉은 정신을 내보이기 위해 아버지 보이보薄一波를 구타까지 해야 했으니 온전하지 않은, 그야말로 미친 세월이었다.

아무튼 중앙당교에 갇혀 지내던 어느 날 밤, 비가 억수로 내렸다. 시진핑은 간수의 부주의를 틈타 집으로 도망쳤다. 깜짝 놀란 엄마가 어떻게 왔냐고 묻자 비에 젖은 시진핑은 오들오들 떨며 "엄마 배고파"를 연발했다. 그는 엄마가 먹을 걸 해주고 옷도 따뜻한 걸로 갈아 입혀줄 걸로 기대했을 것이다. 그러나 엄마 치신은 시진핑을 등진 채 비를 무릅쓰고 상사에게 신고하러 갔다. 가족도 반혁명으로 몰려 자칫 목숨을 잃을 걸 우려한 것이다.

더는 의지할 곳이 없어진 시진핑은 누나 안안安安과 동생 위안
핑遠平의 앞에서 목놓아 울었다. 그리고 배고픔과 절망 속에 빗속
의 밤길로 뛰쳐나갔다고 한다.

이런 공포의 숙청을 경험한 이가 이후 어떻게 가벼이 입을 열
수 있을까. 시진핑에 대한 탐구는 이처럼 그의 성장 과정에서 양
성된 개인적인 특질과 분리해 이뤄질 수 없다. 금수저로 태어났
으나 천민의 나락까지 떨어졌던 삶이 그를 어떤 사람으로 만들
어왔는지 연구가 필요하다. 그래야 시진핑의 중국이 걷는 길이
안개 속에 모습을 드러낼 것이다.

최근 우리 사회는 반중反中이 마치 시대정신이라도 된 듯하다.
2022년 여론조사에서 중국에 대한 비호감도는 80%에 달하고,
시진핑 주석 개인에 대한 비호감도는 이보다도 더 높게 나타났
다. 그러다 보니 기회의 땅이 돼야 할 중국이 문제의 땅이 됐다는
소리도 나온다. 하지만 중국은 우리 운명과 떼려야 뗄 수 없는 이
웃이다. 이 사실은 이제까지 변함이 없었고, 또 앞으로도 변치 않
을 것이다.

그런 중국을 상대로 싫다고 외면만 하는 건 우리 스스로 무덤
을 파는 일이다. 이젠 반중이 아니라 지중知中을 해야 한다. 마오

쩌둥의 일생이 이상주의 혁명이었다면 덩샤오핑의 평생은 실용주의 혁명이었다고 한다. 시진핑은 둘 다 끌어안으려 한다는 분석이 많다. 우리로선 그런 시진핑의 중국을 등지려고만 할 게 아니라 하나라도 더 알려는 노력을 기울여야 한다.

시진핑 시대는 앞으로 짧아도 10년, 길게는 20년 이상 계속될 전망이다. 그 장구한 세월을 모르쇠로 살 것인가. 아니다. 다툴 것도 있지만 교류하고 협력할 일이 더 많겠다. 이를 위해선 지피지기知彼知己가 필수다. 시진핑에 대한 이해가 깊어야 앞으로 중국과 겨뤄야 할 수많은 대국對局에서 우리가 둘 수 있는 수가 더 많아지지 않겠나. 그런 취지에서 감히 시진핑 탐구에 도전한다.

習近平
探究

1부
시진핑의 중국
어디로 가나

1장

시진핑은 왜 한국을 중국의
일부라 말하나

"시진핑은 중국과 한국의 역사에 대해 이야기했다. 북한이 아니라 한국을 이야기했다. 몇천 년의 역사와 많은 전쟁을 말하는 것이다. 한국은 역사적으로 중국의 일부였다고 했다. 10분 정도 듣다 보니 이건 쉬운 일이 아니라는 것을 느꼈다."

2017년 4월 6~7일 미 플로리다 마러라고에서 시진핑과 만났던 도널드 트럼프 전 미국 대통령이 전한 말이다.

시진핑의 발언이 너무 어이가 없어서였을까, 아니면 당시 한국이 사상 초유의 대통령 탄핵이라는 혼란에 처해있었던 탓일까. 시진핑의 말에 대해 한국에선 이렇다 할 반응이 나오지 않았다. 한국 외교부가 "한국이 중국의 일부가 아니라는 점은 국제사회가 인정한 역사적 사실"이라는 지극히 평범한 논평을 냈을 뿐이다. 루캉陸慷 중국 외교부 대변인도 "한국 국민이 걱정할 필요가 없다"라는 모호한 말로 넘어갔다.

한데 시간이 지날수록 "한국이 역사적으로 중국의 일부였다"라는 시진핑의 말이 상기되는 게 작금의 현실이다. 아무 의심 없이 당연히 한국의 것으로 여겨지던 김치와 한복 등에 대해서도 중국이 종주권을 주장하는 일이 벌어지고 있기 때문이다. 중국의 철없는 네티즌이 벌이는 행동이 아니다. 유엔주재 중국대사가 김치를 담근 뒤 엄지를 척 치켜세우는 포즈를 취한 게 바로 얼마 전의 일이다.

"한국이 중국의 일부였다"라는 시진핑의 말을 어떻게 이해해야 하나. 중국에서 지도자 임기 제한을 없애고 '유일한 존엄'이 된 시진핑의 역사관은 중국의 역사관을 지배한다. 시진핑의 역사관이 한·중 관계에 미치는 영향은 절대적일 것이다. 시진핑의 발언이 비록 6년 전의 일이긴 해도 이제 다시 곱씹어보지 않을 수 없는 이유다.

시진핑이 기자조선箕子朝鮮이나 위만조선衛滿朝鮮, 또는 한사군漢四郡 설치 등을 염두에 두고 말하지는 않았을 것 같다. '북한이 아닌 한국의 이야기'라고 트럼프가 분명히 밝히고 있기 때문이다. 그렇다면 과거 중국과 조공책봉朝貢冊封 관계였던 주변 국가들을 중국의 일부로 인식하고 있는 게 아닌가 하는 추론을 할 수 있겠다.

손성욱 선문대 역사영상콘텐츠학부 교수에 따르면 전근대 동아시아의 국제질서를 설명하기 위해 20세기 중반 미국의 존 페어뱅크는 '중국적 세계질서Chinese World Order'로 '조공체제tribute system'를 제시했다. 조공체제는 상하 위계가 존재하는 비대칭적 관계이다.

　　이를 통해 주변국은 중국을 상국上國으로 인정하며 대신 군사적 안전보장과 경제적 이익 및 선진문물의 기회를 얻었다.

　　반면 중국은 패권국가로서의 권위를 인정받으면서 변방의 안전을 평화적으로 도모할 수 있었다. 서양의 근대 조약 체제와는 다른 독특한 국제질서가 형성된 것이다.

　　그러나 최근 10년 중국 학계에선 조공체제 대신 종번宗藩 체제란 용어를 쓰자는 움직임이 점차 힘을 얻고 있다. 대표적인 학자로 쑹녠선宋念申 칭화대학 교수와 왕위안충王元崇 미 델라웨어대학 교수를 들 수 있다.

　　쑹녠선에 따르면 '조공tributary'은 로마제국 당시 부富의 교환을 뜻하는 용어에서 파생된 것이기 때문에 조공을 통해 중국의 대외 관계를 설명하면 오해를 일으킬 수 있다고 한다. 페어뱅크는 '조공체제'를 서구의 '조약 체제'와 대비해 극복해야 할 전통적 시스템으로 봤기 때문에 중국 중심의 국제질서가 갖는 다양한 모습을 단순화시켰다고 비판한다.

왕위안충은 그래서 조선과 청나라의 관계는 역사성을 지닌 종번 체제라고 주장한다. 서주西周 시대부터 시작된 종번 관계는 본래 종宗은 천자天子를, 번藩은 번봉藩封을 받은 혈연 황실 구성원을 뜻했다. 그리고 이를 아우르는 세계가 천하였다. 이처럼 국내 질서에서 발전한 종번은 이후 황제와 중원 왕조에 조공하는 국가 간의 군신 관계로 확대됐다는 것이다.

왕위안충의 설명대로라면 중화 제국의 대외 관계 근간은 종번이 된다. 그리고 그 규범은 서주 시대 혈연관계에서 비롯된 것으로 가부장적 성격을 띤다. 가부장성을 지닌 종번 관계는 혈연에 기초하기에 중국이 주변에 행한 강압적 혹은 무력적 행위에 대해 정당성을 부여해줄 가능성이 있다.

이게 단순 기우가 아니다. 이미 시진핑의 강력한 드라이브에 힘입어 개정된 역사 교과서에 종번 관계 용어가 등장하는 것이다.

시진핑의 역사관을 엿볼 수 있는 게 시진핑 시기 들어 벌어진 중국의 역사 교과서 개편이다. 김종학 국립외교원 외교사연구센터 교수에 따르면 중국의 교과서 제도는 1951년부터 87년까지는 인민교육출판사가 집필과 출판을 전담하는 통편제統編制, 국정제를 시행했으나 이후 개혁개방과 함께 편찬과 심사가 분리된 심정제審定制, 검정제로 바뀐다. 21세기 들어 세계시민을 육성한다는 취지에서 이 같은 흐름은 더욱 강화됐다.

한데 시진핑 체제의 개막과 함께 국정제로의 회귀 움직임이 벌어진다. 시진핑 집권 1기의 중국 공산당 중앙위원회가 교재 편찬을 국가의 권한으로 규정하고 국가교재위원회를 설치한 뒤 초·중·고에서 '역사'와 '어문', '도덕과 법치'고등학교는 '사상정치' 등 3개 과목의 국정 교재 사용을 결정한 것이다. 이에 따라 초·중은 2017년부터, 고교는 2019년부터 위의 세 과목에 대해선 국정 교과서를 사용하기 시작했다.

　말과 역사, 사상을 다잡는 교과서의 국정제 회귀는 시진핑의 장기집권 포석이라는 평가를 받는다. 역사 교과서인 『중외역사강요中外歷史綱要』는 중국사를 다룬 상권2019년 8월 발간과 세계사를 서술한 하권2020년 2월 발간 등 두 개의 책으로 구성되는데 주 편집자인 장하이펑張海鵬은 새롭게 나온 국정 역사 교과서의 성격에 대해 다음과 같이 밝히고 있다.

　"국가의 의지와 사회주의 핵심 가치를 기초교육 단계에서 체현한 것으로…중화민족의 위대한 부흥과 중국몽의 실현 등 시진핑의 역사이념을 직접적으로 반영했다."

　이는 지식 중심의 역사교육 대신 역사해석의 다양성과 학생주도의 탐구학습, 그리고 글로벌 지식사회에 적합한 세계시민 육성을 지향했던 과거 교육과정과 크게 대비된다는 게 김종학 교수의 분석이다.

교과서 내용은 어떨까. 다른 건 차치하고 한국 관련 내용만 보더라도 우려되는 부분이 하나둘이 아니다.

중국사를 서술한 상권의 경우 서한西漢 시대부터 원元나라 말기까지 수록된 강역도彊域圖 12장 가운데 9장에서 북한 지역의 일부 또는 전부를 중국의 영역으로 표시했다. 발해는 말갈족이 세운 국가로 중국사 일부로 서술하고 있다. 한·중 역사 갈등을 초래할 소지가 다분한 것이다.

조선과의 관계는 종번宗藩 관계로 설명한다.

'경제문화 발전 정도의 차이로 인해 명청明淸 시기 중국과 주변 일부 국가 간에 종번 관계라는 일종의 국가관계 체계가 형성됐다. 일부 주변 국가는 명청의 조정에 공물을 바치며 신하를 칭했고納貢稱臣, 명청의 황제로부터 책봉을 받으며 명청 황제의 연호年號를 사용했다. 종주국宗主國은 번속국藩屬國의 내정에 간섭하지 않았다. 이러한 관계는 무력을 통해 형성된 게 아니다. 조선과 유구琉球, 오키나와, 베트남, 미얀마 등은 모두 중국과 이러한 관계를 맺었다. 1879년 일본의 유구 합병을 시작으로 이러한 종번 관계는 점차 해체됐다.'

손성욱 교수는 중국이 주변국과의 전통 관계를 가부장적인 대국과 소국의 위계성으로 이해해 현실 문제에 투영할 가능성이 있다고 우려한다.

세계사를 다룬 하권에선 한국을 어떻게 언급하고 있나.

이정일 동북아역사재단 연구위원에 따르면 고구려를 포함해 고대 한국의 수많은 국가와 세력의 흥망성쇠를 담고 있는 7세기 이전 한국 고대사는 중화 제국 속에 묻혀 보이지 않는다. 7세기 말 신라와 10세기 초 고려가 중국의 중앙집권제를 모방해 통일 국가를 수립했고, 14세기 말 조선이 건국된 뒤 16세기 임진왜란 이 발발해 명이 구원했다는 게 주요 내용이다.

마치 한국의 역사가 신라 통일 이후부터 본격적으로 시작된 것처럼 서술하고 있다. 한국 고대사 패싱이라 해도 과언이 아니 다. 이는 중국 국가박물관이 한국 국립중앙박물관이 제공한 '한 국사 연표' 중 일부 내용을 마음대로 삭제한 이유를 설명해준다.

중국 국가박물관은 2022년 7월 한·중 수교 30주년과 중·일 관계 정상화 50주년을 기념해 베이징에서 '동방길금東方吉金, 한· 중·일 고대 청동기 유물전' 행사를 열었다.

당시 한국 국립중앙박물관은 유물과 함께 '기원전 2333년 고 조선 건국, 기원전 37년 고구려 건국, 698년 발해 건국'으로 표기 한 한국사 연표를 제공했다. 한데 중국 국가박물관은 고조선 존 속 기간을 '?~108 B.C.'로 고치고, 고구려와 발해는 연표에서 아 예 뺐다. 중국은 단군신화를 인정하지 않는다. 그래서 고조선의 시작을 물음표로 처리한 뒤 고조선이 한무제漢武帝에 의해 멸망 한 해인 기원전 108년을 적은 것이다.

김현숙 동북아역사재단 수석연구위원에 따르면 중국이 말하는 고조선은 기자조선과 위만조선이다. 고구려나 발해는 중국이 자국의 지방정권으로 보기에 한국사 연표에서 삭제한 것으로 보인다.

이 같은 사실이 그해 9월 신경진 중앙일보 베이징 특파원의 보도로 알려져 한국 측에서 강력히 항의하자 중국은 연표를 아예 철거하는 것으로 사태를 마무리 지었다.

시진핑 집권 이후 나온 역사 교과서에서 한국의 고대 역사는 사라졌다. 새 역사 교과서에 따라 중국 학생들은 한국의 역사를 통일 신라 이후부터 배우게 된다. 그것도 신라와 고려가 중국의 제도와 문물을 전면적으로 수용했다고 기술해 한국의 역사를 중국 모방의 역사로 설명하는 방식이다.

어디 그뿐인가. 근현대 한·중 관계에서 가장 가깝고 깊은 영향을 미친 조선에 대해서도 임진왜란 때 명이 조선을 도와 나라를 구했다는 내용을 제외하곤 극히 간단한 기술밖에 없다.

이정일 위원은 이에 대해 조선의 역사는 달리 기술할 내용이 없을 정도로 중국 모방의 역사라는 걸 강조하려는 의도가 중국 역사 교과서에 숨겨져 있다고 본다. 고대 동북아 문명을 중국만이 꽃 피운 것으로 전제하고 있기에 한국이나 일본, 몽골 등 같은 지역 속 다른 역사 주체들의 기여에 대해선 아무런 언급이 없다.

장하이핑에 따르면 새 역사 교과서의 집필 방침은 2013년 12월 마오쩌둥 탄생 120주년 좌담회에서 시진핑이 한 발언에 있다.

"중화민족의 5,000여 년 문명사, 근대 이래 중국 인민의 170여 년 투쟁사, 중국 공산당의 최근 100년 분투사, 중화인민공화국의 70년 발전사는 모두 인민이 쓴 역사다. 역사는 언제나 미래를 향해 발전한다."

그리고 필진은 개인의 학문적 관점이 아닌 '학문적 권위'에 근거해 구성했다. 여기에서 '학문적 권위'란 '마오쩌둥 사상과 덩샤오핑 이론, 장쩌민의 3개 대표 중요사상, 후진타오의 과학발전관, 시진핑 신시대 중국특색사회주의 사상'에 얼마나 투철한가를 따지는 것이다. 새 역사 교과서가 결국 중국 공산당, 특히 시진핑의 입장과 필요에 따라 쓰였다는 걸 알 수 있다. 시각이 다르면 서술이 달라진다.

중국의 국력이 급격히 커지며 중국의 눈높이와 시각이 달라지고 있다. 그 결과 "한국은 역사적으로 중국의 일부였다"와 같은 지극히 비역사적인 발언이 나오기에 이르렀다. 국내 일각에선 현재 중화인민공화국의 일부가 오히려 한국의 일부였던 기간이 만주와 주변부가 중국 일부였던 시기보다 길다는 반론을 제기하기도 한다.

한·중 역사 전쟁은 그리 쉬이 끝날 것 같지 않다.

2장

시진핑은 왜 6.25 전쟁을
정의의 전쟁이라 주장하나

"위대한 항미원조抗美援朝, 미국에 대항하고 북한을 도운 전쟁은 평화를
보위하고保衛和平 침략에 항거한反抗侵略 정의의 전쟁正義之戰이다."

한국전쟁 발발 60주년의 해인 2010년 10월 25일 당시 국가부
주석이었던 시진핑 이 한 말이다. 북한의 남침으로 시작된 한국
전쟁이 어떻게 평화를 지키고 침략에 대항한 정의로운 전쟁이
되는가?

당시 한국은 물론 세계적으로 거센 비난을 받았던 시진핑의
이 발언은 "한국은 역사적으로 중국의 일부였다"라는 말과 함께
시진핑이 한국인의 가슴에 좀처럼 씻기 어려운 상처를 안긴 두
가지 말 중 하나다.

한국전쟁은 각국의 입장에 따라 다르게 기억되긴 한다. 우리

는 '동족상잔의 비극', 북한은 '조국해방전쟁', 미국은 '잊혀진 전쟁', 그리고 중국에선 '항미원조 전쟁'으로 부른다.

시진핑은 10년 후인 2020년 10월 23일 한국전쟁 발발 70주년에 주석으로서 행한 연설에서도 "중국인민지원군이 평화를 지키고 침략에 항거하는 정의의 깃발을 높이 치켜들었다"라고 말했다. 중국이 정의로운 전쟁을 벌였다는 관점에 조금도 변화가 없다. 2010년 연설 때 '정의'를 9차례 언급했는데 2020년 연설에서도 8번이나 '정의'를 외쳐 대동소이한 모습을 보여준다.

기본 상식에도 어긋나고 역사를 왜곡하는 시진핑의 발언은 도대체 어떤 맥락에서 나온 걸까. 한국전쟁에 대한 성격을 중국의 입장에 맞춰 각색하는 데서 문제는 시작한다.

시진핑은 2010년 연설에서 "60년 전 발생한 그 전쟁은 제국주의 침략자가 중국 인민에게 강요한 것이다. 조선 내전이 터진 후 미국 트루먼 정부는 제멋대로 병사를 보내 무장 간섭에 나서 조선에 대한 전면 전쟁을 일으켰다"라고 했다. 이어 "중국 정부의 여러 차례에 걸친 경고에도 미국이 38선을 넘어 중조中朝 변경의 압록강과 두만강까지 육박하며 항공기가 중국의 동북 변경지역의 도시와 농촌을 폭격하는 등 전화戰火가 중국의 영토에까지 미쳤다"라고 주장했다.

2020년 연설에선 이 대목 앞에 미국이 제7함대를 대만해협에

침투시켰다는 걸 추가해 중국의 안보와 인민의 생명이 중대한
위협에 처했다는 걸 강조한다.

시진핑의 논리에 따르면 '한반도에서 내전이 발생했고, 내전
이니까 남북한이 알아서 해결할 일인데 미국이 무장 개입했고,
그 여파가 중국의 안보에 직접 영향을 미치게 돼 참전하게 됐다'
라는 것이다. 북한의 남침 사실은 쏙 빠져 있다.

이 같은 역사관은 중국 교과서에도 그대로 반영된다. 중국 고
등학교 역사 교재로 중국사를 다룬 『중외역사강요』 상권에 나와
있는 한국전쟁 관련 부분을 보자.

'1950년 6월 25일 조선 내전이 터졌고, 미국은 즉각 무장 간섭
을 시작하며 동시에 제7함대를 대만해협에 침투시켜 중국의 통
일 대업을 방해했다. 미국은…삼팔선을 넘어 중조 변경의 압록
강과 두만강에 육박하는 등…중국의 국가안보를 엄중하게 위협
했다. 1950년 10월 조선 정부의 요구에 따라…마오쩌둥은…중국
인민지원군을 파견해 항미원조, 보가위국保家衛國 하도록 했다.'

이 같은 논리는 대중을 겨냥한 중국 '국뽕' 영화에 그대로 이어
진다. 2021년 9월 30일 개봉한 천카이거陳凱歌 감독의 '장진호長津
湖'가 대표적이다.

영화는 맥아더 장군의 인천상륙작전부터 보여줌으로써 애초

에 이 전쟁이 북한의 남침으로 시작됐다는 걸 삭제한다. 대신 중국 단둥丹東에 대한 미군의 폭격, 대만해협에의 미 함대 배치, 군사 분계선인 38선을 넘는 미군을 보여줘 이 전쟁이 마치 중국으로선 피할 수 없는 것처럼 그린다. 마오쩌둥은 "우리가 나서지 않으면 국내외 적들이 우리를 약하고 만만하게 볼 것이다軟弱可欺"라며 참전을 결정한다.

한담 원광대 한중관계연구원 HK 연구교수에 따르면 "약하고 만만하게 볼 것"이란 말은 아편전쟁 이후 '치욕의 한 세기'를 보낸 중국 인민의 집단 트라우마를 자극하기에 충분하다는 것이다.

나이 어린 세대를 향해서도 한국전쟁에 대한 중국의 왜곡은 계속된다.

김인희 동북아역사재단 한중관계사연구소 소장이 2021년 펴낸 『중국 애국주의 홍위병, 분노청년』에 그 내용이 잘 나와 있다. 2015년에 만들어져 지금까지 중국 인터넷 공간에서 선풍적인 인기를 끄는 애니메이션 '그해 그 토끼는 무슨 일이 있었을까那年那兔那些事儿, 이하 그 토끼'가 있다.

'그 토끼'는 2015년 중국 정부가 실시한 '사회주의 핵심가치관 애니메이션 지원사업'에 선정된 작품인데 중국 건국 전후의 군사와 외교 중 중요 문제를 다룬다. 이 애니메이션에서 토끼는 온순한 동물로 중국을 가리키고, 미국은 독수리, 러시아는 곰, 일본은 닭으로 그려진다.

한국은 남쪽 몽둥이南棒, 북한은 북쪽 몽둥이北棒, 즉 생명이 없는 물체로 등장한다. 몽둥이란 표현은 중국인이 한국 사람을 욕할 때 곧잘 쓰는 말인 '고려 몽둥이高麗棒子'에서 따온 것이다. 고려 몽둥이는 일본의 앞잡이란 뜻이다.

애니메이션을 보면 남쪽 몽둥이는 음식을 먹고도 돈을 내지 않는 등 평소에 북쪽 몽둥이를 때리고 괴롭히는 악당으로 나온다. 북한이 한국을 공격한 건 이승만 괴뢰정권이 백성을 착취했기 때문이라고 묘사한다. 그러자 남쪽 몽둥이가 독수리 미국에 도움을 요청하고 북쪽 몽둥이는 토끼인 중국에 지원을 요구한다. 토끼는 장진호에서 많이 죽었으나 결국엔 승리한다.

이 같은 싸움의 구도를 따라가다 보면 한국과 미국은 전형적인 악당이다. 자연히 약자인 북한을 도운 중국은 불의를 심판하는 정의의 편에 서 있다. 바로 시진핑이 말하는 정의의 승리다.

국가 최고 지도자로부터 교과서와 영화, 애니메이션에 이르기까지 한국전쟁의 진실을 호도하는 역사 왜곡이 반복되고 있다.

2020년 10월 방탄소년단BTS이 한미 관계 발전에 기여한 공로로 '밴 플리트' 상을 받았다. 리더인 RM이 "올해는 한국전쟁 70주년으로 우리는 양국한미이 함께 겪었던 고난의 역사, 많은 남성과 여성의 희생을 영원히 기억해야 한다"라는 수상 소감을 밝혔을 때 중국 네티즌이 격분한 이유가 여기에 있다.

　북한의 남침 사실은 제대로 모르고 그저 미 제국주의 침략으로 중국의 안보가 위협에 처했기 때문에 할 수 없이 정의의 전쟁에 나설 수밖에 없었다고 세뇌된 중국의 젊은 세대가 "우리 지원군의 희생은 왜 언급하지 않느냐"며 BTS 불매운동에 나서게 된 배경이다.

　물론 중국의 학계 등 식자층이 북한의 남침을 모르지는 않는다. 1990년대 소련이 해체되며 나온 기밀문서가 한국전쟁은 김일성이 소련과 중공의 지원 아래 자행했음을 알려주고 있기 때문이다. 중·소 관계 전문가인 선즈화沈志華 중국화동사범대학 교수의 연구는 이 방면의 역사적 사실을 상세하게 밝히고 있다.

　2010년 6월 24일 중국의 국제선구도보國際先驅導報도 한국전쟁 60주년 특집 기사에서 "이 전쟁은 조선군대가 경계를 넘어 한국을 공격하며 발생했다"라고 보도했을 정도다.

　그런데도 시진핑은 왜 이같이 엄연한 역사적 사실에 눈을 감은 채 "항미원조 전쟁의 승리는 정의의 승리, 평화의 승리, 인민의 승리"라고 주장하나?

　중국인민지원군 참전의 정당성을 합리화하기 위한 것이다. 반성은 없이 무리하게 왜곡된 논리를 내세운다.

중국에서 매파로 유명한 뤄위안羅援 전 중국인민해방군 소장의 말에서 대표적인 사례를 찾을 수 있다. 그는 2020년 11월 중국 '경제도간經濟導刊'에 기고한 글에서 중국 여론계가 항미원조 전쟁에 대한 평가와 관련해 3대 오류를 범하고 있다고 지적했다.

그 첫 번째 오류가 바로 전쟁의 '정의성'에 대한 질문이란 것이다. 북한이 침략자라면 중국의 항미원조는 나쁜 놈을 도와 나쁜 짓을 한 게 되지 않느냐는 질문이다. 맞는 말이다. 한데 뤄위안은 이런 사고가 잘못됐다고 주장한다.

그는 1950년 6월 25일 북한이 쏜 첫발의 총성이 전쟁의 진정한 원인은 아니라고 말한다. 모든 역사적 사건은 전후 맥락과 자초지종을 따져야 한다는 것이다. 그러면서 당시 남조선의 이승만 정권이 미국의 지지 아래 조선의 평화 호소를 무시하고 적극적으로 전쟁 준비에 나선 게 한국전쟁 폭발의 근본 원인이라는 억지 주장을 편다.

궤변으로 북한의 잘못과 함께 중국의 문제를 함께 덮으려고 애쓰는 노력이 안타까울 뿐이다. 문제가 있으면 그와 관련한 언급을 삼가는 게 최선이다. 중국이 문화대혁명이나 천안문 사태 등을 화제로 삼지 않으려는 게 그런 모습이다.

시진핑은 아주 천연덕스럽게 항미원조 전쟁이 정의로운 전쟁이었다고 주장한다. 또 승리한 전쟁이라고 강변한다. 군사 분계선이 원점인 38선으로 돌아왔는데 왜 승리한 전쟁일까?

　중국은 1950년 6월 터진 건 조선 내전이고, 항미원조 전쟁은 중국인민지원군이 10월 19일 한반도에 들어와 첫 승리를 거둔 10월 25일부터라고 말한다. 이후 압록강과 두만강에서 미군을 38선까지 몰아냈으니 승리한 전쟁이란 논리다. 참으로 편하게 쓰는 역사다.

　중국에도 양심 있는 지식인은 있다. 쓰촨四川성 출신으로 2021년 84세를 일기로 타계한 작가 옌자웨이嚴家偉 선생이 그런 인물이다.

　그는 2010년 시진핑의 연설에 대해 "역사적 사실을 부정하고 한국 국민의 마음을 상하게 했으며 유엔 안보리 상임이사국의 지도자라는 신분에 걸맞지 않다"라고 지적했다. 그는 마오쩌둥 시기 있었던 거짓을 바탕으로 한, 판에 박힌 빈말을 재탕하지 말라고 말했다.

　또 "문을 걸어 잠그고 혼잣말을 하는 것으로 세상을 움직일 수 있다고 생각하지 말라"며 "'때 지난 달력'을 베스트셀러라고 속여서 팔면 '오늘이 며칠인지도 모른다'라는 비웃음을 살 것"이라는 따끔한 충고도 잊지 않았다.

　2012년 5월 옌자웨이는 2011년 중국청년보中國靑年報에 실린

'누가 영웅을 정의하는가'라는 기사를 통해 중국이 한국전쟁을 어떻게 왜곡하고 있는지를 설명했다.

중국은 '항미원조 전쟁'과 관련한 많은 영화와 드라마를 만들었는데 이 중 1964년 제작된 영화 '영웅아녀英雄兒女'의 이야기다. 영화 속 주인공인 왕청王成은 중국인민지원군 무전병인데 유엔군과의 전투 중 전우가 모두 죽고 혼자 남게 된다. 고립무원 속에 유엔군이 포위망을 좁혀 오자 무전으로 "나를 향해 포를 쏘라"라고 소리친다. 그러나 후방의 중국 포병은 차마 왕청을 향해 포를 쏘지 못한다. 그러자 왕청은 폭약을 안고 적진에 뛰어들어 장렬하게 산화한다.

중국청년보는 영화 속 왕청의 모델은 랴오닝遼寧성 진저우錦州에 사는 노인 장칭취안蔣慶泉이라고 밝혔다. 그의 말에 따르면 전투 중 혼자 남게 되자 "나를 향해 포를 쏘라"라고 외친 것까지는 맞다. 그러나 이후 전개는 다르다. 중국군 후방 부대는 실제로 포를 쐈고 많은 유엔군이 죽었으며 그 또한 중상을 입었으나 목숨은 건졌다.

포로로 붙잡혀 서울에서 치료를 받은 그에게 세 가지 선택이 있었다고 한다. 일본으로 가서 공부하든가, 대만으로 가든가, 아니면 중국으로 돌아가는 것이었다. 장칭취안은 중국 귀국을 선택했다.

하지만 장칭취안은 당시 중국에서 한국전 참전 용사를 가리키던 '가장 사랑스러운 사람最可愛的人'이란 칭송을 듣는 대신 죄수처럼 격리 심사를 받게 됐다. 중국군의 어떤 군사비밀을 미군에 알려줬는지 실토하라는 추궁이 이어진 것이다. 그리고 이어진 말은 "너는 그때 왜 안 죽었느냐"는 것이었다. 그 말속엔 무슨 낯짝으로 살아 돌아왔느냐는 질책이 묻어 있었다고 한다.

이것은 장칭취안 뿐 아니라 포로로 붙잡혔다가 중국 귀국을 선택한 모든 이가 당한 고초였다. 심사가 끝난 뒤엔 농촌으로 보내져 한평생 가난에 시달리며 노동으로 삶을 이어갔다. 그러다 1964년 자신을 모델로 한 '영웅아녀'를 보며 한없이 눈물을 흘렸다고 했다.

시진핑이 한국전쟁의 진실을 모를 리 없다. 그저 모른 체하며 마오쩌둥 시대에나 통했던 억지 논리를 되뇌고 있을 뿐이다.

왜 그럴까. 중국의 참전이 정당했다는 걸 강변해 당은 결코 잘못을 범하지 않는다고 말하고 싶은 것이다. 또한 미·중 대결의 시대를 맞아 대중의 반미 정서를 자극하기 위해서다.

2000년대 초반엔 미국의 눈치를 보느라 이미 제작한 영화 '북위 38도'나 드라마 '항미원조'를 방영하지 않았다. 그러나 시진핑 시대에는 미국이 두렵지 않다.

시진핑은 특히 '약한데도 이겼다以弱勝強'를 강조한다. 한국전쟁 당시 세계 최첨단 무기로 무장한 미군을 상대로도 승리를 거됐는데 그때보다 힘이 훨씬 더 세진 이제 중국이 미국을 무서워할 이유가 없다는 것이다.

　외부의 적을 향한 중국 인민의 분노는 국내 불만을 밖으로 돌리는 데도 매우 유용하다. 그 과정에서 한국전쟁에 대한 중국의 역사 왜곡은 계속되고 있다.

★ **3장**

시진핑은 왜 마오쩌둥의
시대로 돌아가나

중국에서 강江과 하河는 어떻게 구별할까?

물길이 곧으면 강이요, 구불구불 흐르면 하다. 장강長江과 황하黃河의 구분은 물길의 생김새에 따른 거다. 그렇게 황하가 이리저리 굽이쳐 흐르다 보니 '하동삼십년河東三十年 하서삼십년河西三十年'이란 말이 나왔다. 한때 황하의 동쪽에 있던 마을이 30년이 지나고 나니 황하의 서쪽에 위치하게 됐다는 이야기다.

시진핑의 2012년 집권 이전 중화인민공화국은 60여 년의 역사를 갖는다. 이 60여 년은 크게 마오쩌둥의 30년과 덩샤오핑의 30년으로 나뉜다.

마오의 30년이 사회주의 건설의 시기였다면 덩의 30년은 개혁개방을 통한 경제발전의 시기다. 마오 시대는 배는 고프고 자유는 적었으나 관료는 청렴하고 민중은 단결했다는 말을 들었다. 덩 시대는 배는 부르고 국력은 커졌으나 관료는 부패하고 빈부격차는 심화했다는 불만을 낳았다.

마오의 30년과 덩의 30년에 이어 새로운 30년을 열려는 시진핑은 과연 어떤 세상을 꿈꾸는 걸까? 마오 시대에 가까울까, 아니면 덩 시대와 비슷할까? 그도 아니면 전혀 새로운 길을 걷고 있나?

중국에는 '그 말을 듣고 그 행동을 본다聽其言 觀其行'라는 말이 있다. 시진핑의 말과 행동을 보자. 처음엔 덩샤오핑을 따르는 줄 알았다.

"개혁은 그치지 않아야 하고 개방의 걸음도 멈춰선 안 된다改革不停頓 開放不止步."

2012년 12월 초 중국의 1인자가 된 지 불과 보름여 만에 첫 지방 시찰로 광둥廣東성 선전深圳을 찾았을 당시 시진핑의 말이다. 덩샤오핑의 동상에 헌화하며 개혁개방을 강조하는 시진핑의 모습은 영락없는 덩의 계승자였다. 시진핑의 아버지 시중쉰習仲勳 전 부총리 또한 개혁개방의 선구자가 아니었던가.

게다가 시진핑이 푸젠福建성과 저장浙江성 등 동남 연해 지역의 수장으로 장기간 근무한 경력을 볼 때 덩의 개혁개방을 따르는 그의 행보는 자연스러워 보였다.

그러나 잠시였다. 시진핑은 선전에서 바로 마오쩌둥의 장기인 '군중 노선'을 선보인다. 그에게 다가서는 군중을 경찰이 막지 못하도록 했다. 오히려 붉은 카펫을 치우고 호텔 스위트 룸에도 묵지 않으며 그 자신이 직접 군중 속으로 들어가 함께 하는 기풍을 과시했다.

'군중을 위해 군중에 의지해 군중 속으로 들어가자'라는 군중 노선은 군중의 힘에 의지해 문제를 풀자는 것이다. 1934년 장제스蔣介石의 토벌 작전에 밀려 궁지에 처한 마오저뚱이 천명했던 내용이다. 실사구시, 독립 자주와 더불어 마오쩌둥 사상의 3대 기본 방침으로 일컬어진다.

이처럼 덩샤오핑과 마오쩌둥을 다 아우르려는 시진핑의 모습에 '등체모용鄧體毛用'이란 말이 나왔다. 시진핑이 덩샤오핑의 실용적인 경제발전 노선을 걷되 정치적으론 군중의 힘에 의존했던 마오쩌둥의 권위주의 스타일을 차용할 것이란 분석이었다.

한데 그로부터 한 달 후인 2013년 1월 5일, 300여 명의 고위 당원이 참석한 중앙당교에서 시진핑은 마오의 30년, 덩의 30년과 관련해 묘한 뉘앙스를 풍기는 중대 발언을 한다.

"우리 당에는 개혁개방 전과 개혁개방 후라는 두 개의 역사 시기가 있었다…우리는 개혁개방 후의 역사 시기로 개혁개방 전의 역사 시기를 부정할 수 없다. 마찬가지로 개혁개방 전의 역사 시기로 개혁개방 후의 역사 시기를 부정할 수 없다."

마오 시기의 역사로 덩샤오핑 시기를 부정할 수 없고, 역시 덩 시기의 역사로 마오 시기의 역사를 부정할 수 없다는 이야기다.

언뜻 보기엔 '등체모용의 길'처럼 마오와 덩 모두를 끌어안는 절충 사관 같다. 그러나 그렇지 않다. 방점은 마오 시기 변호에 있다. 덩샤오핑의 개혁개방은 이념적인 계급투쟁으로 일관한 마오 시기에 대한 철저한 반성에서 출발하며 실용주의를 강조한다. 장쩌민과 후진타오 모두 그러한 덩의 노선을 이어받았다.

그런데 시진핑이 마오와 덩의 두 시기가 상호 부정할 수 없다고 말하는 이유는 무엇인가?

바로 마오 시대에 대한 긍정의 뜻을 표출하기 위함이다. 사실 시진핑이 말하는 마오 30년과 덩 30년이 서로 부정할 수 없다는 주장은 신좌파의 대표적 인물로 꼽히는 간양甘暘이 2007년 일찌감치 밝힌 바 있다.

간양은 현재 중국에 세 가지 전통이 공존하고 있다고 말했다. 첫 번째는 개혁개방 이래 형성된 시장의 전통이다. 두 번째는 마오 시대 다져진 평등을 강조하는 전통이다. 세 번째는 수천 년에 걸쳐 이뤄진 인정과 가족 관계를 중시하는 중국의 전통문화 또는 유가 전통이다. 이 세 전통이 공존하고 있기에 그중 어느 하나를 부정하면 중국을 제대로 볼 수 없다는 것이다.

간양은 이 같은 취지에서 마오의 30년으로 덩 30년을 비판해선 안 되고, 또 덩의 30년으로 마오의 30년을 부정해선 안 되며, 마오와 덩의 60년을 관통하는 전체적인 시야를 갖춰야 한다고 주장한다.

시진핑이 간양의 영향을 받았음은 분명하다. 마오와 덩의 60년을 아우르되 마오나 덩과는 다른 자신만의 새로운 30년을 열려고 한다.

중옌린鍾延麟 대만국립정치대학 교수는 2021년 11월 발표된 '역사결의'를 주목한다. 시진핑은 여기서 중국 공산당 창당 100년의 역사를 네 단계로 나눈다.

1단계는 1921년 창당해 49년 나라를 세울 때까지 28년이다. 2단계는 이후 1978년까지의 29년으로 마오쩌둥에 의한 사회주의 건설이다. 마르크스주의 중국화의 1차 역사적 비약이 이뤄졌다. 3단계는 2011년까지의 33년으로 덩샤오핑의 개혁개방 성공에 따른 마르크스주의 중국화의 2차 비약이다. 4단계는 2012년 이후 현재로 시진핑에 의한 신시대가 만들어지고 있으며 이게 마르크스주의 중국화의 3차 비약이라는 거다.

그런데 문제가 있다. 시진핑이 새로운 시대를 여는 건 좋은 데 문제는 갈수록 덩의 색채는 지워지고 마오의 냄새가 짙게 풍긴다는 점이다.

문화혁명의 세계적 권위자 맥파커 미 하버드대 교수에 따르면 중국의 지도자는 크게 두 부류로 나뉜다. 투사형과 관리형이다.

　투사형 지도자는 이념을 제시하며 정치 투쟁에 능하다. 인민과 적인敵人, 인민의 적, 아군과 적군, 혁명 세력과 반혁명 세력으로 양분하고 자신이 절대선善의 편에 서서 절대악惡과 투쟁한다고 말한다. 당연히 피의 숙청이 이뤄지기 마련이다. 투사형 지도자의 대표적인 예는 마오쩌둥이다.

　반면 관리형 지도자는 크고 작은 정책을 입안하고 행정상 실무를 처리한다. 경제성장을 도모하고 사회적 안전망 구축에 나선다. 이들은 현실의 한계를 점검하며 점진적인 개선책을 모색한다. 논쟁을 통해서 이념적 정당성을 인정받기보다는 현실에서 정책의 성과를 입증해 사후적으로 실적 정당성을 획득하려고 한다. 이런 관리자형 지도자의 예로는 류사오치劉少奇나 저우언라이周恩來, 그리고 덩샤오핑을 꼽을 수 있다. 『슬픈 중국』, 송재윤 지음

　시진핑의 지난 10년 치세治世는 관리형보다는 투사형에 가깝다. 마오의 치술治術이 많이 보인다. 우선 마오 시대 유행한 정풍운동整風運動 재개가 그렇다. 시진핑은 집권 직후인 2012년 12월 초 고위 당원을 상대로 당8조黨八條라 불리는 '8항 규정'을 선포한다.

　'수행원 최소화하라', '화환 사용하지 말라', '공항 영접 말라', '규정 외 숙박 및 차량 사용 금지' 등 고위 당원으로서 지켜야 할

시시콜콜한 사항 여덟 가지를 내놓았다.

그해 12월 중순엔 군부 고위층을 상대로 금주령 등 '군10조軍十條'를 하달했다. 2013년 4월엔 일반 당원을 겨냥해 형식주의, 관료주의, 향락주의, 사치풍조 등 네 가지 바람에 반대하는 '4풍 반대운동'을 펼친다.

이와 함께 '거울 보며 옷매무새 차리고, 몸 씻고, 병 치료하자照鏡子 正衣冠 洗洗澡 治治病'라는, 문혁 시대를 연상케 하는 캠페인을 벌이기에 이른다. 이는 마오 시대로 복귀하고 있다는 의심을 낳는 계기가 됐다.

비판 세력에 대한 철저한 탄압 역시 마오와 닮았다. 2015년 7월 9일 비판적 지식인인 인권 변호사 수백 명을 대거 체포한 '709 사건'이 대표적이다. 학계도 입을 닫았고, 언론의 사회감독 기능도 사라졌다.

2018년엔 헌법을 수정해 국가주석의 임기 제한을 없앴고, 2022년엔 10년 집권의 관례를 깨고 당 총서기 3연임에 성공하며 마오와 같이 종신 집권의 발판을 마련했다.

마오 시대에 유행했던 우상화 바람도 분다. 중·고교의 모든 교재는 과목을 불문하고 '시진핑 사상'의 가르침에 따른다. 이념이 넘쳐흘렀던 마오 시대를 방불케 한다.

반면 덩샤오핑의 유산은 희미해지고 있다. 시진핑은 조용히 힘을 기르라고 당부한 덩의 '도광양회韜光養晦' 정책을 단 한 번도 언급한 적이 없다고 한다.

2018년 가을 개혁개방 40주년 때도 '개혁개방의 총설계사' 덩샤오핑의 자취를 찾기 어려웠다.

중국국가박물관에서 열린 개혁개방 40주년 전람회 '위대한 변혁'의 초점은 덩이 아니라 아예 시진핑에게 맞춰져 있었다. 이데올로기 담당 왕후닝王滬寧은 전람회 개막 치사에서 덩을 언급조차 하지 않았다.

덩의 30년 시대가 낳은 문제를 해결해야 하는 시진핑 입장에선 어찌 보면 당연한 일이다. 풀어진 사회 기강과 양극화로 치닫는 빈부격차 등 개혁개방이 가져온 난제가 시진핑 앞에 쌓여있다.

시진핑은 "중국의 발전은 개혁에 있었고, 현재 부닥친 문제 또한 개혁으로 인해 생긴 것"이라고 말한다. 그 해법은 "개혁을 보다 심화해야 한다"라는 게 시진핑의 생각이다.

문제는 덩 시대 30년 문제를 해결하기 위해선 보다 '창의적인 아이디어'를 내야 하는데 오히려 마오 시대의 치술만 차용하고 있는 게 아닌가 하는 점이다. 군중 노선 강화, 비판 여론에 재갈 물리기, 이념 강조, 개인 숭배 강화 등 모두 마오 시대의 모습이다.

겉으로는 마오의 30년과 덩의 30년을 모두 수용할 것처럼 보이지만 시진핑의 행보를 보면 갈수록 마오의 그림자가 드리우는 모양새다. 시진핑과 마오의 가장 공통된 부분은 권력에 대한 강한 의지다. 두 사람 모두 권력을 놓을 생각이 없다. 시진핑의 치술이 마오를 닮지 않을 수 없는 이유다.

4장

시진핑은
왜 마윈을 때리나

"좌회전 깜빡이를 켜고 우회전한다."

덩샤오핑의 개혁개방 정책을 가리켜 많이 쓰는 말이다. 사회
주의를 한다고 말은 하지만 실제 행동은 자본주의의 시장 시스
템을 도입하고 있다는 이야기다.

이게 말이 되느냐고 반기를 드는 이가 생기자 덩은 "토 달지
말고 2년만 해 보자"라며 부쟁론不爭論으로 입을 막았다. 2년이
지나니 반대하는 이가 거의 없어졌다.

2년만 해 보자던 개혁개방은 덩샤오핑 사후에도 장쩌민과 후
진타오로 이어지며 40년 넘게 지속됐다. 그동안 중국이 엄청 몸
집을 불렸음은 물론이다.

그런데 시진핑 집권 이후엔 다른 말이 나온다. "우회전 깜빡이

를 켜고 좌회전하고 있다"라는 것이다. 시진핑은 2023년 3월 "민영기업은 우리 편"이라고 말했으나 중국을 대표하는 민영 기업가 마윈馬云을 몰락시켜 해외를 떠도는 존재로 만들었다.

말과 행동이 다르다. 중국을 알기 어렵고 시진핑의 속내를 가늠하기 힘든 이유다. 시진핑 시대의 중국경제는 '국진민퇴國進民退'란 말을 듣는다. 국유기업이 약진하고 민영기업이 퇴조한다는 뜻이다. 시진핑은 줄곧 민영기업 보호를 말하지만, 실제 중국경제가 돌아가는 걸 보면 민영기업은 '퇴조'가 아니라 일각에서 주장하는 것처럼 '소멸'하는 것 아닌가 하는 생각마저 든다.

중국 일자리의 80% 이상을 담당한다는 민영기업이 어쩌다 이렇게 된 걸까. 민영기업 약세는 시진핑의 집정 사유思惟와 무관치 않다.

시진핑은 집권한 직후인 2013년 '전국조직 공작회의'를 개최한 자리에서 간부의 평가 방법 변화를 알렸다. 앞으론 각 성장省長의 업적을 그 성省의 GDP 증가율로 평가하지 않겠다고 선언했다.

대신 새로운 평가 지표로 민생 개선과 사회 발전, 환경보호 등을 제시했다. 처음엔 신선하게 여겼다. 중국이 GDP 지상주의에 빠진 결과 환경 파괴를 아랑곳하지 않고 성장 일변도로 달린 것에 대한 반성의 목소리가 컸기 때문이다.

그러나 이는 순진한 해석이다. 평가 방법을 바꾸는 진정한 뜻은 앞으론 '경제'가 아니라 '정치'가 으뜸이라는 거였다.

마오쩌둥 시대는 '계급투쟁'이 우선이었지만, 덩샤오핑은 '경제 건설'이 중심이었다. 이제 시진핑 시대를 관통하는 키워드는 '정치 정확'이다.

덩샤오핑은 경제 발전을 위해 생산력 발전에 유리한가, 종합국력 증강에 유리한가, 인민의 생활수준 제고에 유리한가 등 세 가지 유리三個有利于를 먼저 따져야 한다고 말했다.

그러나 정치를 앞세우는 시진핑 시대엔 우선 고려 사항이 다르다.

시진핑 정부가 가장 먼저 생각하는 건 중국 공산당을 지킬 수 있느냐 또는 장기집권을 꾀하는 시진핑에게 도움이 되느냐다. 그래서 당과 국가의 돈주머니 역할을 하는 국유기업이 무엇보다 소중하다. 금고처럼 수시로 써먹을 수 있는 국유기업에 돈과 지원을 몰아주는 이유다.

자원이 국유기업으로 쏠리니 민영기업이 약해질 수밖에 없다. 시진핑은 알리바바와 같은 거대 민영기업을 잠재적인 위협으로 본다.

중국에서 성공한 민영기업 대부분의 배후엔 정치적인 세력이 있는데 바로 장쩌민이다. 장쩌민과 쩡칭훙曾慶紅 전 국가부주석의 상하이방上海幇 권력을 등에 업은 민영기업이 자본의 야만적인 성장을 추구하니 부패가 만연하고 빈부격차는 커졌다는 게 시진핑의 인식이다.

알리바바의 마윈 회장 자신이 "중국 정부와는 연애만 하고 결혼은 하지 않는다"라고 말했을 정도로 민영기업은 권력과 무관치 않다. 중국의 민영기업에 본격적인 경보가 울리기 시작한 건 시진핑이 헌법을 수정해 장기집권 가도를 연 2018년부터다. 그 해 1월 저우신청周新城 인민대학 교수가 당 이론 선전물인 '구시求是網'에 '사유제 소멸'을 주장하는 글을 발표해 세상을 놀라게 했다.

2018년 9월엔 덩의 이름 샤오핑小平과 같은 이름을 가진 두 사람이 중국을 발칵 뒤집어 놓는다.

9월 12일 속칭 금융전문가라는 우샤오핑吳小平이 "사영 경제는 무대를 떠나라"라는 글을 인터넷에 올렸다. 이 글은 발표되자마자 댓글이 2만 개가 붙을 정도로 중국 사회에 커다란 충격을 안겼다. 우샤오핑의 논점은 '중국의 국운國運'이라는 깃발 아래 전개돼 특히 관심을 끌었다. 그는 "사영 경제는 공유경제를 도와 발전시키는 역사적 책무를 다했다"라며 이젠 퇴장해야 할 때라고 주장했다.

그로부터 일주일 뒤인 9월 19일엔 중국의 인력자원사회보장부 부부장인 추샤오핑邱小平이 "당의 영도를 강화해 기업 민주 관리를 추진하자"라는 글을 내놓아 중국을 경악시켰다. 그의 말은 중국 공산당이 모든 민영기업에 당을 건설하려 한다는 소문을 낳았다.

중국 공산당은 1997년 15차 당 대회 때 '공유제를 주체로 하고 다종 소유제를 공동으로 발전시킨다'라는 방침을 정했다. 이 표현은 헌법에도 들어갔다. 그리고 얼마 후 민영경제는 중국 관방에 의해 '사회주의 시장경제의 중요 구성부분'이라고 정의됐다. 그런데 이제는 역사적 책임을 다했으니 사라져야 한다거나 앞으로는 당의 지도를 받아야 한다는 등 사실상 국유화하겠다는 주장이 잇따라 나온 것이다.

중국 기업인들이 경기를 일으키며 민영경제가 얼어붙은 건 물론이다. 그러자 시진핑이 나선다. "두 가지는 전혀 흔들어선 안 된다兩個毫不動搖"라며 민영기업 달래기를 시도한다. 뭘 흔들지 말라는 걸까. 하나는 공유제 경제를 공고히 하고 발전시키는 게 흔들려선 안 된다는 거다. 다른 하나는 비非 공유제 경제를 격려하고 지지하며 인도하는 게 흔들려선 안 된다는 이야기다.

리커창李克强 총리도 민영 기업가를 안심시키려 했지만 아니 땐 굴뚝에 연기나랴. 바로 그 무렵인 2018년 9월 10일 마윈 회장은 공개서한을 통해 '창립 20주년 기념일이자 55세 생일인 2019

년 9월 10일 회장직을 장융張勇 CEO에게 넘기겠다'라고 발표했다. 마윈이 정부와의 불화를 견디지 못하고 마침내 회장 자리에서 물러나는 것이란 의혹이 일었다.

마윈은 은퇴 선언 이후 "정부는 정부가 해야 할 일만 해야 한다"라고 정부를 작심 비판해 그런 의혹에 힘을 보탰다. 얼마 후 외신은 마윈이 경영 일선에서 물러나는 것뿐 아니라 그룹 소유권까지 내놓았다고 전했다. 한마디로 한평생 일군 그룹을 뺏긴 것이다. 일각에선 왕치산王岐山 당시 국가부주석 등 당 지도부가 마윈에게 주식을 넘기고 은퇴하라며 압박했다는 소문이 돌았다.

이렇게 보면 마윈이 2020년 10월 왕치산 등 중국 고위층 앞에서 "중국 국영은행이 전당포 영업 관행에서 벗어나지 못했다"라고 일갈해 '괘씸죄'에 걸리게 된 게 괜히 일어난 일은 아니다. 시진핑 집권 이후 '정치'를 으뜸으로 하면서 민영기업 대신 국유기업을 우선으로 하는 시진핑의 집정 철학에 따라 언젠가는 터질 일이 터진 셈이다.

중국은 강국強國과 부민富民을 목표로 한다.

강국을 위해선 국유기업이 크고 강해져야 한다做大做強. 부민을 이루려면 민영기업의 일자리 창출이 요구된다. 둘을 동시에 이루면 좋겠지만 자원은 유한하다. 시진핑의 선택은 부민이 아닌 강국이다.

그 결과 정부의 보조금과 은행의 대출은 '공화국의 장자長子'로 일컬어지는 국유기업으로 흘러 들어가고 유류 분야 등 알짜 산업은 국유기업이 독점한다. 민영기업이 빈사 상태에 빠지는 건 자명한 순서다.

경영난에 봉착한 민영기업은 버림받은 자신을 국유기업이 백마를 타고 나타나 사주기를 바라는 처지가 됐다. 시진핑 집권 1기인 2016년께 이 같은 상황이 출현하기 시작했다. 또 이 시기엔 관가와 결탁한 민영기업이 시진핑의 반부패 정책에 따라 잇따라 철퇴를 맞았다.

덩샤오핑의 외손녀 등 홍색 후대가 깊이 관여한 것으로 알려진 안방安邦 그룹을 필두로 푸싱復興과 하이항海航 그룹이 조사를 받았다. 시진핑 집권 2기에는 중국 유명 언론인 후시진胡錫進의 "사유제 소멸은 역사의 장기 목표"라는 말처럼 민영경제를 그저 '도구'나 '보조 수단' 정도로 인식하는 정책이 그대로 펼쳐진다. 시진핑은 모든 기업에 명확한 당의 대표가 있기를 바란다.

민영기업과 외자기업을 불문하고 당원이 3명 이상이면 당 지부黨支部를 설립한다는 규정이 만들어지고, 모든 기업에 지부가 설립됐다. 순수한 의미의 민영기업은 없어졌다. '만물의 주석'인 시진핑이 중국의 민영기업 하나하나에도 국가의 촉수가 미치게 만든 것이다. 여기에 공동부유共同富裕 구호를 내세워 민영기업의 기부를 강제하고 있다.

물론 시진핑의 '국진민퇴'에 저항의 목소리가 없었던 건 아니다. 덩샤오핑의 아들인 덩푸팡鄧樸方은 2018년 9월 중국장애인연맹 제7차 전국대표대회에서 행한 연설을 통해 시진핑의 경제정책에 돌직구를 날렸다. "우리는 개혁개방 노선으로 이를 악물고 계속 가야 한다. 절대 퇴행하면 안 된다"라고 말했다. 개혁개방을 이끈 민영기업의 역할을 낮춰봐선 안 된다는 지적이다.

자유주의 경제학자인 장웨이잉張維迎 베이징대 교수 또한 "강력한 정부, 거대한 국유기업, 총명한 산업정책이 중국의 경제 발전을 이끌었다는 중국 모델론은 사실에 부합하지 않는다"라고 시진핑을 비판했다. 장 교수는 중국의 발전은 시장의 힘과 후발주자로서의 이점, 그리고 창조 정신과 모험정신으로 대표되는 기업가 정신이 있었기에 가능했던 것이라고 역설했다.

그러나 이들의 목소리는 물가를 스치는 잠자리 날갯짓 정도로 치부되는 모양새다. 시진핑은 당의 통제 강화, 지방에 대한 중앙의 권력 강화, 시장에 대한 국가의 간섭 강화를 원한다. 민영경제 약진 등 민간부문의 발전은 이와 배치된다. 사회주의의 근간은 공유경제이며, 공유경제를 지탱하는 건 국유기업으로, 국유기업을 더 강하고 더 우수하고 더 크게 만들어야 한다는 시진핑의 생각엔 변함이 없다.

시진핑은 '내가 명령하고 우리가 돈을 쓰면 바로 그 경제 분야에서 진보가 있어야 한다'라는 식이다. 모든 걸 국가가 주도하는 것으로 국가가 어떤 분야를 발전시킬 것인가, 자원은 또 어떻게 분배할 것인가를 결정하면 된다고 본다.

이런 사고에 민영 기업가의 역할은 보이지 않는다. 마윈이 경영권과 소유권을 내놓고 무소유의 정신으로 해외를 떠도는 배경이다. 중국경제가 좀처럼 침체에서 벗어나지 못하는 이유이기도 하다.

시진핑의 3차 분배와 공동부유

시진핑이 '전면적인 소강小康사회' 달성으로 절대 빈곤을 몰아냈다고 선언한 이후 2021년부터 새롭게 내건 구호가 '공동부유共同富裕' 촉진이다. 모두가 잘사는 공동부유를 시진핑은 어떻게 이루겠다는 건가.

시진핑은 '3차 분배'를 강조한다. 1차 분배는 시장에서 효율의 원칙에 따라 임금이나 상여금을 통해 이뤄지고, 2차 분배는 정부의 사회보장 등 지출을 통한 재분배를 말한다. 3차 분배는 도덕의 힘으로 이뤄진다. 개인이나 기업이 자발적으로 사회에 내놓는 기부 행위가 그 예다.

문제는 서방의 기부가 자발적인 데 비해 중국의 기부는 정부 강요의 성격을 띤다는 점이다. 중국 당국은 이를 통해 저소득층의 수입을 늘리고 중간 계층의 비중은 확대하며 고소득자의 수입은 합리적으로 조절해 중간이 큰 올리브 모양의 분배 구조를 가져야 한다고 말한다.

이렇게 함으로써 사회의 공평과 정의를 촉진해 공동부유로 나아갈 수 있다는 거다. 뜻은 좋은데 이면엔 시진핑 정부의 불안감이 읽힌다. 중국이 절대 빈곤에서 벗어났는지는 모르겠지만 분배 구조는 더욱 나빠졌기 때문이다. 중국의 상위 1%가 가진 자산의 비중이 20년 전 20.9%에서 2020년 말엔 30.6%로 뛰었다. 특히 코로나 사태를 거치며 빈부의 차이는 더 벌어졌다. 시진핑이 내건 공동부유 구호는 실제론 빈곤에서 벗어난 이가 다시 빈곤의 나락으로 떨어지는 걸 막기 위한 예방적 차원의 성격이라는 분석은 이래서 나온다. 중산층이 저소득층으로, 저소득층은 빈곤 계층으로 추락해 사회 동란의 근원이 되는 걸 막자는 고육지책이 바로 3차 분배를 통한 공동부유 달성이라는 이야기다.

중국 당국의 3차 분배 강조에 따라 중국 민영기업은 강요된 기부를 할 수밖에 없다. 이래저래 중국의 민영기업은 죽을 맛이다.

★ **5장**

시진핑은 왜 중국 대문에
빗장을 거나

"우리가 자립자강自立自强을 강조하는 건 절대로 폐관쇄국閉關鎖國이 아니다. 국내 시장과 국제 시장을 더 잘 연결하려는 것이다."

2023년 6월 27일 시진핑이 중국을 찾은 크리스 힙킨스 뉴질랜드 총리에게 한 말이다. 폐관쇄국은 '성문을 걸어 잠그고 나라의 문을 닫는다'라는 것이다. 개혁개방의 시대에 시진핑은 왜 이런 말을 한 걸까.

시진핑은 직전인 6월 7일에도 폐관쇄국을 부정했다.

"쌍순환雙循環은 폐관쇄국이 아니다. 남이 문을 열어주지 않을 때 우리가 살아남는 건 물론 더 잘 살기 위한 것이다."

시진핑이 내몽골 시찰에 나선 자리에서 한 말이다. 쌍순환은 국내 시장의 내순환과 국제 시장의 외순환을 말한다. 국내 소비를 진작시켜 내순환이 잘 돌아가게 한 뒤 이를 외순환과 연결하겠다는 것이다.

쌍순환은 미국과의 무역전쟁 및 코로나19가 한창이던 2020년 시진핑이 처음 제기한 말이다. 여기서 방점은 내순환에 찍혀 있다. 여기저기서 "쌍순환은 개혁개방의 반대말이 아닌가"란 의문이 제기된 배경이다. 아울러 중국이 문을 닫고 있다는 말도 심심찮게 흘러나왔다.

시진핑은 불과 20일 사이에 두 차례나 중국이 폐관쇄국의 길을 가고 있지 않다고 주장했다. 왜 그랬을까?

중국이 개혁개방에서 후퇴하고 있다는 의혹을 받고 있기 때문이다. 자연히 외국인의 대중 투자는 주춤할 수밖에 없다. 이에 시진핑이 다급하게 진화에 나선 모양새다. 그러나 의혹을 불식시키기엔 역부족으로 보인다.

시진핑의 중국은 덩샤오핑의 개혁개방 시대에서 대약진 운동이 펼쳐졌던 마오쩌둥 시대로 대역진大逆進 중이란 말까지 나온다.

바람도 없는데 나뭇가지가 흔들리지는 않는다. 2022년 6월 중국사회과학원 산하 중국역사연구원이 역사 간행물 『역사연구』에 논문 한 편을 실었다.

제목은 '명청明淸 시기 폐관쇄국 문제를 새롭게 탐구하다'였다.

폐관은 '관폐성문關廢城門, 성문을 걸어 잠그다'의 뜻으로 폐관쇄국

하면 외부와 접촉하지 않는 전형적인 고립주의 정책을 일컫는다. 명과 청이 서구에 뒤처진 가장 중요한 이유로 부정의 의미가 강하다.

그런데 중국역사연구원은 논문을 통해 전혀 다른 해석을 내놓았다. '당시 서방의 식민침략 위협에 직면해 어쩔 수 없이 취한 방어적인 보호 책략'이란 것이다. 부정이 긍정으로 180도 변했다. 논문을 작성한 곳은 중국사회과학원 내 역사연구원 과제조課題組다. 과제를 받아 연구를 수행했다는 이야기인데 누가 과제를 줬을까?

중국 당국 말고 또 누가 있겠나. 자연히 논문이 나오게 된 배경과 관련해 뒷말이 나올 수밖에 없는 것이다.

중국은 현재 미국의 압력을 받아 각 분야에서 고립되는 상황이다. 또 중국의 거친 전랑외교戰狼外交에다가 우크라이나 전쟁에서 러시아 편을 들다가 서방 각국으로부터 외면을 받고 있다. 국제사회와 잘 지내려 해도 잘 지낼 형편이 되지 않는다. 바로 이런 상황에 대한 합리화 차원에서 그 이론적 토대 마련을 위해 명청 시기의 폐관쇄국을 새롭게 해석한 게 아니냐는 의심을 산다.

시진핑의 중국은 개혁개방의 길을 가는가, 아니면 폐관쇄국의 길을 걷고 있는 것인가? 이와 관련 시진핑 집권 3기 들어 중국에서 보이는 세 가지 현상을 주목해야 한다.

첫 번째는 '공소사供銷社'의 부활이다. 이름도 생소한 공소사는 무엇인가. 마오 시대 농민은 자신이 생산한 농산품을 공소사에 가서 팔고, 필요한 생필품을 공소사에서 사며 돈을 빌릴 때도 공소사를 이용했다.

중국 농민은 공소사와 떨어진 삶을 생각할 수 없었다. 반대로 당국은 공소사를 통해 중국 농촌의 민생을 꽉 틀어쥘 수 있었다. 공소사는 중국의 대표적인 계획경제 산물로 통한다. 이후 덩샤오핑의 개혁개방 정책이 추진되며 공소사는 계획경제의 퇴출과 함께 역사의 무대에서 사라졌다. 그런데 시진핑 집권 이후 화려하게 부활하고 있다.

공소사에 대한 중국인의 기억은 아프고 쓸쓸하다. 먼저 물자 결핍이다. 뭐든지 사려면 표가 있어야 했다. 곡식은 양표糧票, 고기는 육표肉票가 필요했다. 그러나 표가 있다고 해서 꼭 원하는 걸 살 수 있는 것도 아니었다. 이는 두 번째 아픈 추억인 부패와 이어진다. 뇌물이나 꽌시關係를 통해 물품이 새 나가면서 인민은 원하는 걸 살 수 없는 경우가 다반사였다. 늘 부족과 결핍에 시달렸다.

한데 그런 공소사가 시진핑 집권 1기 중반인 2015년부터 부활의 날갯짓을 하기 시작하더니 갈수록 세를 확장하는 추세다. 이미 3만 개를 넘어섰으며 2022년 20차 당 대회 때는 공소사 총책임자인 량후이링梁惠玲이 역대 책임자 중에선 처음으로 중앙위원에 진출했다. 량은 시진핑이 모두 10차례나 공소사 관련 지시를 내렸다는 사실도 공개해 공소사 부활의 배경에 시진핑이 있음을 숨기지 않았다.

두 번째 눈에 띄는 현상은 도시 곳곳에 '공공식당'이 생겨나고 있다는 점이다. 주민들이 공동으로 취사를 해결하는 공공식당은 1950년대 말 대약진 운동 및 인민공사화人民公社化 바람 속에 등장했다. 몇몇 사람만 식당 일을 하고 나머지는 모두 노동에 종사하게 하자는 취지로 노동력 확보와 식량 절약이라는 이중 목적이 있었다. 이 역시 계획경제 시대의 대표적인 상징으로 통한다.

20차 당 대회가 폐막한 지 얼마 안 된 2022년 10월 말 중국 주택건설부와 민정부民政部가 공동으로 '통지'를 발표했다. '주택단지 건설을 완전하게 하는 업무에 관한 통지'인데 그 내용이라는 게 중국의 각 도시는 시범적으로 3~5개의 주택단지를 선정해 이를 완전하게 만드는 작업에 돌입하라는 지시였다. 그리고 시범 주택단지가 갖춰야 할 시설로 유치원, 탁아소, 약국, 경로당, 세탁소, 편의점 등을 다양하게 거론했는데 여기에 놀랍게도 공공식당이 포함됐다.

여기서 주목해야 할 건 농촌의 공소사와 도시의 공공식당이 긴밀하게 연결된다는 점이다. 미국에 체류 중인 중국 경제학자

샤예량夏業良에 따르면 공소사 건립의 목표는 중국 당국이 농민과 시장 사이의 중개자 역할을 하겠다는 것으로 시장경제 중에 존재하는 도매상과 소매상을 대신하는 것이다. 공소사는 농촌에서 농민이 생산하는 양식과 기름, 과일, 채소 등의 구매와 판매를 독점한다.

이 같은 공소사의 최대 고객은 바로 도시에 있는 공공식당이 된다. 농산품의 단가가 중국 정부에 의해 조종되며 이에 따라 도시 내 일반 개인의 상업 식당은 점차 경쟁력을 잃게 된다. 농민은 공소사에 의존하고 시민은 공공식당을 떠나 살 수 없다. 중국 정부는 이와 같은 방식으로 '먹는 걸 하늘로 삼는以食爲天' 중국인의 밥줄을 장악하게 된다. 바로 마오쩌둥 시대에 중국 인민의 기본 생존을 통제하는 방식이다.

이 경우 중국 인민은 오로지 밥을 먹기 위해, 즉 생존하기 위해 자유와 인권, 존엄 따위는 사치스러운 것으로 여기게 된다. 시진핑 집권 3기 시대가 반세기 전 마오 시대의 재현으로 비치는 점은 참 아이러니하다.

눈여겨봐야 할 세 번째 현상은 공사합영公私合營 기업의 부활이다. 20차 당 대회 직후 중국국가시장 감독관리총국은 중국 롄퉁聯通과 텐센트 간의 합영기업 설립을 비준한다고 발표했다. 지분은 롄퉁이 48%, 텐센트가 42%, 관련 직원이 10% 보유하는 형태다.

그리고 며칠 뒤엔 중국이동통신이 징둥京東과 공사합영 기업을 만들기로 했고, 중국전신電信 또한 알리바바와 전략적인 합의를 맺고 함께 스마트 도시 건설에 나서기로 했다. 이런 모습은 현대판 공사합영 기업이 탄생하고 있다는 말이 나오게 하는 배경이다.

중국 공산당은 건국 이후 어떻게 민영기업을 도태시켰을까?

1954년 '공사합영 잠행조례'를 만들어 민영기업의 지분을 구매하는 한편 기업가에겐 일정 배당만 지급하고 더는 경영권을 행사하지 않게 했다. 그러다가 10년 후인 1966년에 공사합영 기업을 모두 국영기업으로 전환해버렸다. 민영기업이 사라진 것이다.

이렇게 보면 시진핑 3기에 '세 개의 부활'이 이뤄지고 있음을 알 수 있다. 공소사와 공공식당, 그리고 공사합영 기업의 부활이 바로 그것이다. 그리고 이 모두 마오 시대를 떠오르게 한다.

그렇다면 마오 시대를 소환하는 시진핑의 노림수는 뭔가. 크게 세 가지를 생각할 수 있다.

첫 번째는 민영경제 영역을 대폭 축소 또는 소멸시키고 국유경제를 강화해 중국 인민에 대한 통제권을 확고하게 장악하겠다는 것이다. 공소사와 공사합영 기구의 발전에 따라 개인이 경영하던 채소나 과일가게 등은 점차 문을 닫고 민영기업도 자취를 감추게 된다. 인민의 삶은 주택단지를 통해 획일적으로 제공되는 서비스에 의존할 수밖에 없다. 그렇게 되면 공산당의 중국 지배와 시진핑의 공산당 통치에 대한 도전은 사라진다.

두 번째는 미국 등 서구와의 디커플링 시대에 대비한 포석이란 해석이다. 미·중 갈등이 극도로 악화해 서로 제 갈 길을 가야할 경우, 중국경제는 심각한 국면에 직면할 수밖에 없다. 이때 중요한 건 식품공급 측면에서 발생하는 위기를 어떻게 극복할 것인가 여부인데 이를 공소사와 공공식당을 통해 배급제를 회복하는 방식으로 돌파할 수 있는 것이다. 양표 등 표 제도의 회복은 시장과 인민에 대한 통제를 완벽하게 보장해줄 것으로 기대되기 때문이다.

세 번째는 대만 침공을 위한 준비 차원이라는 시각이 있다. 시진핑은 집권 1기 때 중화민족의 위대한 부흥 실현이라는 중국몽을 비전으로 제시한 뒤 21세기 중엽엔 이를 달성하겠다고 말한다. 그리고 중국몽을 달성하기 위해선 조국 통일의 대업이 이뤄져야 한다고 주장한다.

대만 통일에 대한 시간표와 의지를 천명한 셈이다. 시진핑은 자신의 권좌를 지키기 위해서라도 대만 통일의 위업을 달성할 필요가 있다. 대만을 평화적으로 흡수할 수 있다면 최상이겠지만 무력 사용도 불사할 태세다. 대만과의 전쟁이 터지면 적어도 중국에 대한 서방의 제재와 봉쇄가 이뤄질 건 불을 보듯 뻔하다.

공소사와 공공식당의 부활은 바로 이런 사태를 상정한 것이란 이야기다.

민생과 경제를 손안에 넣고 통제할 수 있으면 반대파의 목소리 또한 쉽게 제어할 수 있다. 이렇다 할 경제통이 없는 시진핑 3기의 정치국 상무위원회 구성을 가리켜 일각에서 '전시내각戰時內閣'이 아니냐는 말이 나오는 배경이다. 시진핑은 2023년 6월 7일 내몽골 시찰 시 "내순환 구축에 나서는 이유는 '극단 상황'을 맞았을 때 국민경제를 정상적으로 운행하기 위해서"라고 밝혔다.

'극단 상황'은 어떤 때를 말하나. 대만과의 무력 충돌을 배제할 수 없다. 시진핑 3기 들어 눈에 띄게 보이는 이러한 변화상은 갑작스레 시작된 게 아니다.

공소사의 경우 이미 8년 전부터 시작됐다. 그때는 그런 조치를 제대로 이해할 수 없었다. 한데 이제야 다른 정책들과 더불어 조금씩 윤곽이 드러나는 모양새다. 시진핑의 포석은 생각보다 치밀하고 용의주도하다. 특히 멀리 보고 두는 솜씨는 때론 놀라움과 두려움을 함께 안긴다.

그 뜻을 제대로 헤아리지 못하고 그저 더듬어볼 뿐인 우리네 알량한 실력이 안타까울 뿐이다.

★ *∴* **6장**

시진핑은 왜 신新 천하주의를
거론하나

'꽃 한 송이 홀로 피었다고 봄이 아니다. 온갖 꽃이 만발해야 봄이 정원에 가득한 것이다一花獨放不是春 百花齊放春滿園.'

문명은 교류해야 다채롭고 서로 배워야 성장한다는 뜻을 내포하고 있다.

2023년 3월 15일 시진핑이 중국 공산당과 세계 정당 간의 고위급 대화 연설에서 '글로벌 문명 이니셔티브GCI, Global Civilization Initiative'를 제안하며 한 말이다.

이 연설이 있기 바로 닷새 전 시진핑은 중국 전국인민대표대회에서 찬성 2,952표의 만장일치로 국가주석 3연임에 성공했다. 세계는 시진핑의 종신 집권 가능성을 전망하며 그가 중국 인민의 영수로 우뚝 섰다는 데 주목했다.

한데 세상이 간과하고 있는 게 있다. 시진핑의 야심이 세간의 생각보다 훨씬 더 크다는 점이다. 시진핑은 중국인의 영수로 머무르려 하지 않는다. 세계의 위대한 지도자로 추앙받기를 꿈꾼다.

일찍이 그런 시진핑의 야심을 간파한 이가 있다. 홍이대紅二代 출신의 정치 평론가 장리판章立凡이다. 그는 중국 공산당 19차 대회가 끝난 2017년 11월 "시진핑 주석은 중국 방안과 중국 지혜로 인류의 문제를 해결하겠다고 생각하고 있다. 인류 운명공동체를 만들겠다고도 한다. 이는 과거 공산주의 운동으로 전 인류를 해방하겠다는 것과 비슷하다"라고 말한 바 있다.

장리판은 또 "중국은 1960년대 마오쩌둥 주의를 유행시키며 혁명을 수출하려고 했다. 그러나 중국의 경제력이 뒷받침되지 않아 그 결과는 제한적이었다. 그렇지만 지금 중국은 다르다. 중국의 지도자는 미국을 따라잡고 중국 모델을 퍼뜨려 세계의 지도자가 되려는 충동을 가질 수 있다"라고 했다.

시진핑이 세계 2위의 경제력을 바탕으로 중국만의 독특한 모델을 선전하며 월드 리더가 되기를 갈망하고 있다는 이야기다.

사실 시진핑은 이 같은 야망 달성을 위해 오래전부터 준비를 해왔다. 중국은 덩샤오핑 이래 장쩌민을 거쳐 후진타오 시기에 이르기까지 도광양회韜光養晦의 정신 아래 조용히 힘을 기르는 데 주력했다.

그러나 시진핑은 다르다. 우선 세상을 보는 시각에서 차이가 난다. 장덩지張登及 대만국립정치대학 교수에 따르면 시진핑은 세상이 '동승서강東昇西降'의 시기에 처해 있다고 본다. 동쪽이 올라가고 서쪽이 내려간다는 것인데 동쪽은 중국을 말하고 서쪽은 미국을 비롯한 서방을 일컫는 말이다. 2008년 뉴욕발 금융위기 이후 중국이 갖게 된 생각이다.

그 무렵 왕치산王岐山이 헨리 폴슨 전 미 재무부 장관에게 했다는 말이 유명하다. "당신은 나의 스승이었는데 지금 당신네 시스템을 보게. 우리가 당신들로부터 무얼 더 배워야 할지 모르겠네." 미국을 보는 중국의 시각이 선망에서 조롱으로 바뀌었음을 보여준다.

그 결과 2012년 시진핑 시기에 들어서며 중국의 화법이 바뀌기 시작한다고 장덩지 교수는 말한다. "인류 운명공동체를 건설하겠다", "책임 있는 대국의 역할을 하겠다" 등 '무얼 하겠다'라는 화법이 등장했는데 이는 중국 역사상 처음이라고 한다. 도광양회의 수세적 입장에서 벗어나 책임 있는 도전자 역할을 하겠다는 걸 시사한 것이다.

풍선처럼 부풀어 오르는 중국의 자신감은 시진핑의 발언에서도 잘 드러난다. 시진핑은 2013년 3월 모스크바 국제관계학원에서 행한 연설에서 "각국은 자기 발전의 길을 선택할 권리가 있다. 신발이 맞고 안 맞고는 자기 발로 신어봐야 한다"라며 신발론을 펼친다. 중국의 발전을 위해 미국 등 서방을 모방할 필요가 없다는 말이다. 중국은 자신의 국정國情에 기초한 중국 특유의 발전 노선을 걷겠다는 거다.

그해 12월 중국 푸단復旦대에 '중국발전모델연구센터'가 문을 연다. '중국 모델'을 이름으로 내건 첫 번째 연구기구로 센터의 주임은 시진핑의 지지를 받는 장웨이웨이張維爲가 맡았다. 중국 모델을 지지하는 이들은 "소련은 끝났으나 역사는 끝나지 않았다"라고 주장한다.

시진핑은 2014년엔 "중국이라는 사자가 깨어났다"라고 선언한다. 시진핑은 그 사자가 "평화적이고 친화적이며 문명의 사자"라고 부연 설명을 했지만 사자는 사자 아닌가. 두렵고 무서운 존재다.

당시 왕이王毅 외교부장의 세 가지 '이제까지' 발언도 눈에 띈다. 왕이는 중국이 "이제까지 오늘처럼 세계무대 중앙에 접근한 적이 없으며, 이제까지 오늘처럼 국제 사무에 전면적으로 참여한 적이 없으며, 이제까지 오늘처럼 세계평화와 발전에 대한 책임을 져본 적도 없다"라고 말했다. 이제 중국이 국제 문제에 적극적으로 개입하고 나설 것임은 너무나 자명한 이치다.

아니나 다를까. 시진핑은 2017년 19차 당 대회 보고에서 중요 발언을 한다.

"세계에서 발전을 바라면서도 또 자신의 독립성을 유지하기를 원하는 국가와 민족에게 전혀 새로운 선택을 제공하겠다. 인류 문제 해결을 위한 중국의 지혜와 중국의 방안을 공헌하겠다."

전 세계 개발도상국 특히 권위주의 정권에 일당 전제專制 중국의 경험을 전수하겠다는 이야기다.

이에 따라 중국 공산당은 두 가지 사명을 갖게 된다. 시진핑 집권 1기 때만 해도 중국 공산당은 중국몽 추구와 같은 중화민족의 부흥에 초점을 맞췄다. 한데 2기 들어서며 인류 운명공동체 건설, 글로벌 거버넌스 개혁, 일대일로一帶一路, 육상 및 해상 실크로드 추진 등과 같은 국제사회에 대한 중국의 책임을 강조하기 시작했다. 중국 공산당이 중국 인민은 물론 인류의 구세주가 되겠다는 야심이다.

2022년 9월 중공 이론지 구시求是는 시진핑의 2018년 발언을 소개했다.

"현재 세계 100여 개 국가 중 130여 개 정당이 여전히 공산당 또는 마르크스주의 성질을 유지하고 있다."

"많은 개발도상국이 중국을 선망의 눈초리로 보고 있으며 중국으로부터 치국이정治國理政의 경험을 배우고 싶어 한다."

적어도 100여 개 국가에 시진핑 체제를 보급할 수 있다고 중국은 믿는 듯하다.

중국 광둥廣東성 선전深圳에 있는 서커우蛇口박물관에 가면 덩 샤오핑의 말이 적혀 있다.

"우리는 시대를 따라잡아야 한다. 이것이 개혁이 도달하고자 하는 목적이다."

시진핑은 여기에 말을 더했다.

"개혁개방 40년 동안 새로운 길을 개척했다. 우리는 이제 시대를 '따라잡는赶上' 데서 시대를 '이끄는引領' 데로 위대한 약진을 하고 있다."

세상을 쫓아가기에 바빴던 중국이 이제는 세계를 이끌고 나아가겠다는 포부를 밝히고 있다.

어떻게 이끌 건가. '중국식 현대화'가 해법으로 제시되는 모양새다.

시진핑은 2022년 20차 당 대회 보고에서 "중국식 현대화로 중화민족의 위대한 부흥을 추진하겠다"라고 밝혔다. 중국식 현대화가 뭔가. 시진핑의 설명에 따르면 중국식 현대화는 각국 현대화의 공통된 특징에 중국의 국정에 맞는 중국 특색 다섯 가지를 더한 것이다.

그 다섯 가지는 아래와 같다.

첫째 거대한 인구 규모의 현대화, 둘째 전체 인민의 공동부유 현대화, 셋째 물질문명과 정신문명이 조화를 이루는 현대화, 넷째 사람과 자연이 공생하는 현대화, 다섯째 평화발전의 길을 걷는 현대화 등이다.

이제까지 현대화는 '서구화'로 인식해왔다. 한데 중국은 서방과는 다른 중국 특색의 사회주의 현대화 발전 모델을 만들어 현대화로 나아가는 개발도상국에 더 많은 중국 경험을 제공하겠다는 이야기다.

이 경우 시진핑은 중국 인민의 영수에서 세계의 위대한 지도자로 거듭나게 된다. 그리고 이를 위해 이미 여러 작업을 진행 중이다.

주목할 건 근년 들어 매해 새롭게 나오고 있는 중국의 글로벌 담론 장악 노력이다. '글로벌 OO 이니셔티브' 시리즈라는 이름으로 계속 나오고 있다.

시진핑은 2021년 9월 유엔총회 때 '글로벌 발전 이니셔티브 GDI, Global Development Initiative'를 발표했다. 코로나 19의 충격으로 세계 경제가 신음할 때 발전을 우선으로 내세우며 국제사회가 개발도상국, 특히 곤경에 처한 취약 국가에 지원을 강화해야 한다고 호소했다.

2022년 4월엔 보아오博鰲포럼 연설을 통해 '글로벌 안보 이니셔티브 GSI, Global Security Initiative'를 처음으로 제창했다. 시진핑은 GSI에서 대항 말고 대화, 동맹 말고 동반자, 제로섬 대신 원원과 같은 새로운 안보의 길을 주장했다.

그리고 2023년 3월 국가주석 3연임에 성공하자마자 '글로벌 문명 이니셔티브'를 들고나왔다.

왜 이런 일을 할까. 서방이 주도하는 글로벌 거버넌스를 이제는 수정해야 하며 어떻게 고칠 것인가와 관련해 그 대안으로 GDI와 GSI, GCI를 잇따라 제시하는 것이다.

시진핑 집권 3기 들어 두드러진 현상인 중국의 '중재 외교' 노력 역시 같은 맥락이다. 중국은 2023년 3월 양회两會, 전국인민대표대회와 정협회의 기간 중 중동의 앙숙인 사우디아라비아와 이란의 대표를 베이징으로 불러 양국의 국교 정상화를 중재해 세계를 깜짝 놀라게 했다. 우크라이나-러시아 전쟁과 이스라엘-팔레스타인 갈등 중재에도 나서고 있다. 이 모두 세계의 영도자로 부상하려는 시진핑의 야심과 궤를 같이 가는 일이다.

그렇다면 시진핑의 이 계획은 성공할까?

장리판은 회의적이다. "중국 모델이 뭔가. 일당 체제 아닌가. 당이 모든 자원을 장악하고 사회 안정 및 이데올로기도 장악한다. 이 노선은 옛 소련과 비슷하다. 이 때문에 서양에서 '중국이 전제주의 모델을 수출하려는 것을 경계하라'는 말이 나오는 것 아닌가"라 반문한다.

제임스 매티스 전 미 국방장관이 미 해군전쟁학원 졸업식에서 한 말 또한 인상 깊다. 그는 "중국은 현존 국제질서를 다시 쓰려는 장기 계획을 하고 있다. 명조明朝를 모델로 한다. 다른 나라를 조공국으로 만들어 베이징을 향해 머리를 조아리게 하려 한다"라고 말했다. 중국의 천하 관념에 따르면 '천자는 중국에 앉아 천명을 받들어 천하를 다스린다天子居中國 受天命 治天下'는 것이다. 현재 이 하늘 아래 모든 곳을 뜻하는 천하의 개념이 과거 중원中原에서 아시아로, 그리고 세계로 점차 확장되는 느낌이다.

물론 시진핑 시대의 중국은 중국이 중심이 되고 나머지 세계를 등급화한 과거의 천하주의를 부인한다. 모든 국가와 모든 문화는 평등하며 상호 존중을 받아야 한다는 신新 천하주의를 거론한다. 이 말에 대한 세계의 판단은 중국의 행동을 지켜보게 한다.

과연 중국의 행위가 세상의 인심을 얻었을까? 중국에 대한 세계의 비호감도 증가와 근년 중국인의 이민 러시는 시진핑의 치국책략에 심각한 의문을 제기한다.

갈수록 이념화하는 시진핑의 중국을 향해 스타인 링겐 영국 옥스퍼드대 명예 교수가 던진 말은 매우 우려스럽다.

"시진핑은 중국 각지에 분산된 권한을 베이징으로, 다음엔 당으로, 그리고 최종적으론 자신에 집중시켰다. 그는 자신을 영웅처럼 포장하며 이념을 활용하기 시작했다. 그가 지향하는 이념은 중국의 역사이며 그중에서도 민족의 위대성이다. 이념은 파괴적이다. 이념적 진실을 신봉함으로써 가장 잔혹한 수단들도 정당화되기 때문이다. 이념의 유혹에 빠지면 걷잡을 수 없는 폭력을 방출하게 된다."

'중국식 현대화'

새 술은 새 부대에 담으려는 게 인지상정이다. 10년 전 시진핑 집권 1기 때는 '중국몽'을, 2017년 2기 때는 '신시대'를 외쳤다. 3기 키워드는 시진핑이 2022년 10월 16일 20차 당 대회 보고에서 강조한 '중국식 현대화'라는 데 이견이 없다.

앞으로 중국과 함께 비즈니스든 뭐든 무슨 일을 도모하려면 중국식 현대화를 모르고선 불가능한 일이다.

중국식 현대화라는 말은 낯설다. 그러나 등장은 꽤 오래전이다. 1979년 3월 덩샤오핑이 중국식 현대화라는 말을 처음 썼다고 한다. 이후 사용이 뜸했는데 시진핑이 2021년부터 다시 끄집어내기 시작했다. 2021년 7월 중국 공산당 창당 100주년 기념식에서 시진핑은 "중국 공산당은 중국식 현대화로 인류의 현대화 도로에 대한 탐색에서 새로운 공헌을 하겠다"라고 선언했다.

그리고 20차 당 대회에서 중국식 현대화를 미래 5년의 비전으로 제시하며 그 의미를 상세하게 밝혔다. 중국식 현대화는 각국 현대화의 공통된 특징에 중국 특색 다섯 가지를 붙인 것이다.

1 거대한 인구 규모의 현대화 2 전체 인민 공동부유의 현대화 3 물질문명과 정신문명이 상호 조화를 이루는 현대화 4 사람

과 자연이 조화롭게 공생하는 현대화 5 평화발전의 길을 걷는 현대화 등이다.

중국 검색엔진 바이두百度는 중국식 현대화의 대외 관계 방면 함의로 '발전을 촉진하면서도 자신의 독립성을 유지하길 바라는 국가와 민족에 완전히 새로운 선택을 제공한다'라고 밝히고 있다. 현대화가 곧 서구화는 아니라는 것이다. 중국식 현대화로 현대화의 새로운 모델을 만들겠다는 주장이다. 간단히 말하면 미국 등 서구와 체제 경쟁을 벌이겠다는 이야기다.

시진핑 역시 2022년 11월 3일 중국을 찾은 사미아 술루후 하산 탄자니아 대통령에게 "현대화는 서구화의 동의어가 아니다"라고 말했다.

2022년 10월 25일 중국 푸젠성 샤먼대학은 중국에서 처음으로 '중국식 현대화 연구원' 현판식을 했다. 과거 시진핑이 '일대일로一帶一路' 구상을 밝히자 중국 곳곳에서 우후죽순처럼 생겨났던 각종 연구원을 떠올리게 한다.

무역전쟁에서 불붙은 미·중 갈등이 기술 패권 경쟁을 넘어 체제와 이념 경쟁으로 치닫고 있음을 적나라하게 보여준다.

習近平 探究

2부

시진핑의 머릿속에
무엇이 들었나

시진핑 가계도

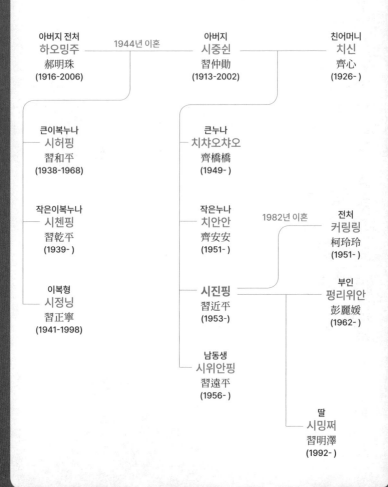

아버지 전처
하오밍주
郝明珠
(1916-2006)

1944년 이혼

아버지
시중쉰
習仲勛
(1913-2002)

친어머니
치신
齊心
(1926-)

큰이복누나
시허핑
習和平
(1938-1968)

큰누나
치챠오챠오
齊橋橋
(1949-)

작은이복누나
시첸핑
習乾平
(1939-)

작은누나
치안안
齊安安
(1951-)

1982년 이혼

전처
커링링
柯玲玲
(1951-)

이복형
시정닝
習正寧
(1941-1998)

시진핑
習近平
(1953-)

부인
펑리위안
彭麗媛
(1962-)

남동생
시위안핑
習遠平
(1956-)

딸
시밍쩌
習明澤
(1992-)

★☆✦ **1장**

시진핑 DNA 1
- 권력이 진리다

"시진핑은 절대로 쉽게 남을 믿지 않았다. 오직 권력만이 진리라고 믿었다."

시진핑과 가까운 한 지인의 이야기다. 시진핑의 여러 특질 중 그에게 가장 강하게 박혀있는 DNA 첫 번째는 권력에 대한 집착이다. 권력이란 참으로 묘한 것이다. 양날의 칼이다. 잘 쓰면 나라와 국민에 이롭지만利國利民, 잘못 쓰면 남과 자기를 해치는害人害己 무기다. 그래도 시진핑의 관심은 온통 권력 장악에 집중돼 있다.

조 바이든 미 대통령은 과거 부통령 시절 당시 중국 국가부주석이던 시진핑을 여러 차례 만나 그의 인물 됨됨이를 살폈다. 그리고 이런 말을 했다.

"시진핑은 미국의 정치 시스템이 어떻게 운영되는지, 주州 지사의 권력은 어떤지, 그리고 미 대통령은 군사와 정보기구에 대해 도대체 얼마만큼의 권력을 행사할 수 있는지 물었다."

미국에 대한 많은 궁금증 중 시진핑이 가장 알고 싶어 했던 건 다름 아닌 미국의 권력 운용이었다.

시진핑의 지난 10년 치세治世가 탈권脫權과 집권集權, 재집권再集權의 세 단어 외엔 아무것도 아니었다고 분석하는 중화권 전문가도 있다. 권력을 탈취하고 권력을 집중하며 다시 권력을 집중하는 과정의 연속이었다는 주장이다. 장쩌민의 상하이방上海幇과 후진타오의 공청단共青團으로부터 권력을 빼앗고 이 권력을 자신에게 집중시키고 또 집중시키는 일을 했을 뿐이라는 이야기다.

왕신셴王信賢 대만국립정치대학 교수는 이 같은 시진핑의 권력 집중 과정을 크게 셋으로 나눈다. 첫 번째는 시장과 사회에서 국가로 권력을 집중시켰다. 두 번째는 지방에서 중앙으로 권력을 모았다. 세 번째는 정부에서 당으로, 그리고 당에서 다시 개인인 시진핑 자신에게 권력을 집중시켰다.

시진핑은 왜 이렇게 권력 집중에 집착하는 걸까. 권력의 중심부에서 밀려났을 때의 처참함을 그 누구보다 더 처절하게 깨닫고 있었기 때문이다.

남부럽지 않은 집안에서 태어났지만, 아버지가 권력을 잃고 반동으로 몰리자 그 자신이 '100번 총살감'이란 말을 들을 정도로 나락으로 떨어졌던 시진핑의 쓰라린 성장 경험이 그를 광적으로 권력에 집착하도록 만들었다고 볼 수 있다. 권력을 잃는다는 건 단순히 직업을 잃는 정도의 의미가 아니다. 재산과 생명, 가족까지 모든 걸 상실하며 역사 속에서 철저하게 지워지는 것을 뜻한다.

시진핑은 1953년 음력 5월 5일_{양력 6월 15일} 단오절에 태어났다. 시진핑이 국가부주석 시절인 2010년 6월 중순 라오스를 방문했을 때 라오스 측에서 생일 케이크를 준비하자 시진핑은 "내가 태어난 날이 단오절인데 오늘이 마침 공교롭게도 단오절"이라고 말한 적이 있다. 당시 날씨가 무척 더워 마오쩌둥의 집무실인 국향서옥^菊香書屋 바닥에 갈대를 엮어 만든 삿자리를 깔기도 했다고 한다.

시진핑이 출생했을 때 아버지 시중쉰은 당 선전부장이었고 1959년엔 부총리가 됐다. 집엔 경호원과 주방장, 보모 등 신변을 돌보고 가사를 돕는 여러 일꾼이 있었다. 여름이면 휴양지 베이다이허北戴河에 가고, 명절이나 주말엔 부모를 따라 중난하이中南海에서 열리는 문화 활동을 즐겼다. 시진핑의 누나 치챠오챠오齊橋橋는 당시를 "인생의 가장 빛나는 시기"로 회상한다.

시진핑은 어려서 당시 중국에서 제일 좋은 베이하이北海 유아원에 다녔고 이후엔 홍색紅色 귀족학교로 유명한 팔일八一 학교에 진학했다. 그러나 시진핑이 9세 되던 1962년 가을 시중쉰이 소설 『류즈단劉志丹』 사건에 연루되며 시진핑의 인생에 그늘이 드리우기 시작한다. "아빠가 당내에서 잘못을 저질렀다. 비판을 받았다. 앞으로 중난하이의 이웃집에는 놀러 가지 마라."

시진핑은 열 살도 되기 전에 가산이 몰수되는 광경을 지켜봤다. 그래도 문화대혁명이 시작되기 전에는 정치 투쟁의 화禍가 자녀에게까지는 미치지 않아 여전히 팔일 학교를 다닐 수 있었다.

그러나 문혁이 터지며 모든 게 바뀌었다. 어린 시진핑은 자신의 생사를 장담할 수 없는 지경에 몰린다. '아비가 영웅이면 자녀도 호걸이고老子英雄兒好漢 아비가 반동이면 자녀도 개자식老子反動兒混蛋'이라는 말과 함께 '반동의 자식'이 된 것이다. 더구나 1966년 문혁에 관한 말실수로 중앙당교에서 집중관찰 심사를 받다가 집으로 도망쳤으나 어머니의 외면을 받았고, 소년 간수소로 보내져 노동 개조에 시달렸다.

시진핑에 따르면 당시 시진핑을 심문하는 사람들이 "네 죄가 얼마나 중한지 아느냐"고 묻길래 "내가 총살을 당할만한지 당신들이 따져보라"라고 되물었더니 "100번은 총살할 만하다"라는 답이 돌아왔다고 한다. 실제 시진핑의 이복 누나인 시허핑習和平은 당시의 고통을 이기지 못해 스스로 목숨을 끊고 말았다. 덩샤오핑의 큰아들 덩푸팡鄧樸方도 건물에서 뛰어내려 자살을 시도했다가 불구가 되지 않았나.

시진핑이 1969년 농촌으로 내려가는 상산하향上山下鄕을 택한 것도 "내려가지 않으면 살지 죽을지 알 수 없었기에 택한 선택"
이라고 한다. 아버지 고향인 산시陝西성 푸핑富平현 단춘淡村향의
시翊씨 마을에 내려가 친척들의 도움을 받으며 농사일을 하려고
했다. 그들 모두 빈농 출신이라 정치적으로나 생활적으로 시진
핑을 보호하고 도와주리라 생각했다.

그러나 이런 기대는 너무 순진한 것이었다. 친척들은 냉담했
다. 흑방가족黑幫家族을 돌봤다가 그들 자신이 반당 분자로 몰릴
까 두려워 아무도 시진핑을 거두려 하지 않았다. 세상인심이 그
렇고 그런 것이란 걸 시진핑은 감수성 예민한 사춘기 시절 절절
히 깨달았다. 결국 시진핑은 발길을 돌려야 했다.

"권력과 멀리 떨어져 있거나 접촉한 적이 적은 사람은 권력을
신비하고 신선한 것으로 생각하겠지만, 내가 본 건 권력이 겉으
로 보이는 것만은 아니란 점이다. 권력과 꽃, 영광과 박수 소리만
본 게 아니라 수용소도 보았고 염량세태炎凉世態도 봤으며 정치란
것이 매우 모진 것이란 인식을 하게 됐다."

훗날 시진핑의 말이다. 칼은 돌 위에서 날카로워지고 사람은
역경 속에서 단련되는 법이다.

베이징에서 탈출하다시피 내려간 옌촨延川의 량자허梁家河 생
활도 힘들긴 마찬가지였다. 시진핑은 또다시 도망친다. 다시 베
이징으로 올라왔다가 붙잡혀 역류 인구로 분류돼 학습반에 구금
된 채 육체노동에 시달린다.

"베이징의 하이뎬海淀구 일대 하수관은 모두 우리가 묻은 것이다."

시진핑의 이 말은 그가 소속된 학습반이 하이뎬구의 하수도 까는 작업에 동원됐음을 알려준다.

그런 시진핑이 대오각성한 데는 이모부 웨이전우魏震五의 역할이 컸다.

"군중 속으로 들어가라. 군중에 의지해야 비로소 장래 발전이 있다. 내가 과거 동북 지역의 대학생으로 있을 때, 또 태항산太行山에 갔을 때 모두 군중 속에서 단련할 기회를 찾았다. 네가 지금 군중에 의지하지 않으면 누구에게 의지하겠는가? 네 아버지가 혁명한 것처럼 민중과 하나가 돼야 한다. 네가 그걸 못할 이유가 없다."

간부 출신인 이모부의 간곡한 타이름이 시진핑의 폐부를 찔렀다. 심기일전한 시진핑은 제 발로 다시 량자허로 내려가 완전히 다른 사람이 된다. 땅을 일구고 석탄을 나르며 똥지게를 졌다. 한겨울 얼음 반인 흙탕물에 제일 먼저 바짓가랑이를 걷고 맨발로 들어간 게 그였다. 둑을 쌓다가는 허리와 다리를 다쳤다. 석 달 동안 기름 한 방울 맛보지 못하다 돼지고기 배급이 이뤄지자 고기 한 점을 냉큼 칼로 베어내 날로 먹었다 한다.

돈 주고도 한다는 젊어 고생 끝에 마침내 2012년 중국 공산당 총서기가 되며 권력 1인자가 된 시진핑은 2018년 헌법을 수정해 두 번만 할 수 있는 국가주석의 임기 제한을 없앤다. 장기집권의 가도를 연 것이다.

이제 그가 언제 권력을 내려놓을지 아무도 모른다. 권력이 진리임을 일찍이 깨달은 그의 생전에 권력 이양이 있을까? 글쎄다.

미 언론인 해리슨 솔즈베리는 마오쩌둥과 덩샤오핑에 관한 저서를 펴내며 제목을 『새로운 황제들』이라 했다. 마오와 덩을 '황제'로 묘사한 것이다.

왜? 황제는 임기가 없다. 죽어야 은퇴다. 1935년 준이遵義 회의를 통해 1인자가 된 마오는 1976년 사망할 때까지 집권했다. 1978년 대권을 차지한 덩샤오핑 역시 1997년, 93세의 나이로 눈을 감을 때까지 최고 권력자였다. 비록 1989년 중앙군사위원회 주석 자리를 장쩌민에게 물려주었으나 '중대한 문제는 덩이 결정한다'라는 당내 비밀 결의를 통해 권력을 유지했다.

시진핑 국가주석의 3연임을 확정 지은 2023년 3월 양회兩會 이후 중국에는 '시진핑 사상' 학습 바람이 몰아치고 있다. 그리고 시진핑 사상은 마오쩌둥 사상에 비견될 만하다는 주석이 따른다. 시진핑을 마오와 덩의 반열에 올리는 것이다. 배경엔 시진핑의 집권 또한 마오나 덩처럼 평생 이어져도 이상하지 않다는 논리가 깔린다. 시진핑 역시 따로 임기가 없이 죽어야 은퇴할 수 있는 황제의 길을 가고 있다.

2장

시진핑 DNA 2
- 전통의 수성

시진핑 집권 1기 때의 일이다. 하루는 베이징 유명 대학에 가서 중국의 저명한 경제학자들에게 이런 이야기를 했다고 한다.

"중국경제를 케인즈주의 등 뭐 이런 서방 이론이 아니라 중국 전통의 시각에서 분석하고 발전 방향을 제시할 수는 없겠나."

문제 해결 방법을 서방이 아닌 중국 자신의 전통에서 찾으려는 시진핑의 사고를 아주 명확하게 보여주는 예다.

인류가 겪어보지 못한 코로나19 바이러스가 중국을 덮쳤을 때도 그렇다. 세계 각국이 백신 개발에 힘을 쏟고 있을 때 시진핑이 코로나 치료와 관련해 은근히 기대한 게 있었다. 중의中醫의 활약이다.

여기서 뜬 게 유명 한의사이자 톈진天津중의약대학의 명예 교장인 장보리張伯禮다. 그는 시진핑의 관심 속에 우한武漢으로 달려가 한방漢方을 이용해 나름 공을 세운다. 그러자 중국은 이를 '코로나 치료의 중국 방안을 제시한 것'이라며 대대적인 선전에 나섰다. 장보리는 '인민영웅'의 칭호를 받았다.

서방과는 무언가 거리감을 느끼는 시진핑의 개인적 특질은 그의 성장 과정 및 가풍과 무관하지 않다.

시진핑은 어려서부터 중국 전통문화의 영향을 많이 받았다. 아버지 시중쉰이 당 선전부장 겸 정무원 문화교육위원회 부주임이어서 자주 중국 문화계와 예술계 유명 인사를 엿볼 수 있었다. 또 주말이나 명절엔 중난하이에서 펼쳐지는 창극唱劇과 서유기西遊記 등 다양한 중국 전통 공연을 즐길 수도 있었다.

집안 분위기도 한몫했다. 시중쉰은 자녀들이 기숙학교에서 돌아올 때마다 담벼락에 쪼르르 세워 놓곤 '아빠가 어떻게 혁명에 참여했는가, 너희들도 자라서 반드시 혁명해야 하며 혁명은 어떤 것'이라는 훈화를 하고 또 했다. 서방 제국주의 침략에 맞서 중국 공산당이 구망救亡의 길에 나설 수밖에 없었다는 이야기를 귀가 따갑도록 들으며 스스로 감화된 측면도 있었다. 네 살 많은 보시라이薄熙來가 영국제 자전거를 타고 다닐 때 시진핑은 누나의 꽃신에 검정 먹물을 칠해 신었다. 아무래도 외제, 서방과는 먼 유년의 삶이었다.

서방에 대한 껄끄러운 기억은 시진핑의 첫 결혼 실패와도 연결된다.

그의 첫 결혼 이야기는 공식적인 문건엔 등장하지 않는다. 대략 1979년 대학을 졸업하고 경뱌오耿飈 중앙군사위 비서장의 비서로 근무할 때 결혼해 1982년경에 이혼한 것으로 보인다. 첫 부인은 주영대사 커화柯華의 딸 커링링柯玲玲이다. 시중쉰과 커화 집안은 아주 잘 아는 사이다.

커화의 원래 이름은 린더창林德常으로 옌징燕京 대학에서 공부하다 1937년 중일전쟁이 터지자 공산당 팔로군八路軍에 입대했다.

당시 상사인 루딩이陸定一, 현 국무원발전연구중심 陸昊 주임의 할아버지가 그의 안전을 고려해 이름을 바꿀 것을 권하자 이름의 반만 바꿔도 되냐고 물었다. 루딩이가 "커이可以, 가능하다"라고 답하자 성인 린林에서 목木자 하나를 떼어내고 가可자를 붙여 커柯라고 바꿨다.

훗날 공산당 서북 군정위에서 시중쉰의 부하로 일했고, 시중쉰이 그를 저우언라이周恩來 총리에게 추천해 외교부에 들어가 주영대사가 되는 등 시중쉰 집안과는 막역한 관계였다.

커링링은 시진핑보다 두 살 정도 많았고, 키가 크고 예뻤으며 성격은 솔직한 편이었다. 커링링은 소련식 교육으로 유명하고, 간부 자제가 많이 다닌 베이징 101 중학을 나왔다.

결혼 후 베이징 시청西城구에 살았던 젊은 커플은 처음엔 감정이 괜찮았다고 한다. 한데 영국 유학 문제를 놓고 사이가 틀어져 거의 매일 싸우다시피 했다. 영어를 잘하는 커링링이 아버지가 영국 대사로 나가 있는 기회를 이용해 영국 유학을 희망했던 것이다.

커링링은 시진핑과 함께 영국으로 가서 2~3년 유학한 뒤 해외에서 새로운 삶을 개척하거나 아니면 귀국해 발전하기를 원했다. 그러나 시진핑은 이를 완강히 거부했다. 결국 타협에 실패해 커링링 혼자 영국으로 떠나며 결혼은 깨졌다.

시진핑이 1982년 허베이성 정딩正定현의 기층基層으로 내려갈 결심을 한 데는 이혼의 쓰린 상처도 한몫했다는 분석이 나온다. 시진핑은 홀로 된 아픔을 안고 베이징을 떠나기 전, 청대의 화가이자 시인인 정판교鄭板橋의 시 '죽석竹石'을 빌어 자신의 의지를 다진다.

정판교는 권력을 뜬구름같이 여기며 고고하게 살아간 여덟 명의 괴짜 예술가인 '양주팔괴揚州八怪' 중 한 명이다. 그는 '죽석'에서 '청산을 꽉 물고 놓지 않으니咬定青山不放松 깨진 바위틈에 뿌리 내렸네立根原在破岩中 천 번을 깎이고 만 번을 부딪쳐도 더 단단해지니千磨萬擊還堅勁 그 어떤 바람 불어도 상관이 없구나任爾東西南北風'라고 노래했다. 모진 풍파와 시련을 딛고 꿋꿋이 자라는 대나무의 굳세고 강한 기개를 상찬했다.

시진핑은 여기서 몇 글자를 바꿨다.

'기층 속에 깊이 들어가 꽉 놓지 않으니深入基層不放松 군중 속에 뿌리 내렸네立根原在群衆中 천 번을 깎이고 만 번을 부딪쳐도 더 단단해지니千磨萬擊還堅勁 그 어떤 바람 불어도 상관이 없구나任爾東西南北風'.

그는 서방 유학 대신 대륙의 황토 고원을 택했다.

혹자는 시진핑이 문혁으로 제대로 배운 게 없다고 꼬집는다. 홍이대 출신인 장리판章立凡도 "시진핑이 많이 읽은 책은 무협지라는 말을 들었다"라며 비슷한 이야기를 한다.

그러나 시진핑 일대기를 쓴 양중메이楊中美는 시진핑이 독서는 비교적 많이 한 것 같다고 말한다. 일본 언론인 미네무라 겐지峯村健司도 중국 정부 관계자의 말을 인용해 시진핑이 젊은 시절부터 독서를 좋아해 중국 전통 사상에 관한 책은 대부분 읽었다고 했다. 특히 하방下放 당했을 때 순자荀子의 전집 스무 권을 독파해 상당 부분을 암기할 정도였다고 한다. 미네무라는 미 하버드대학에 유학 중인 시진핑의 딸을 취재한 것으로 유명하다.

시진핑의 팔일 학교 재학 시절 어문 선생님이었던 천추잉陳秋影은 2015년 "시진핑은 두보杜甫와 축구를 좋아했고 어문 성적은 좋았지만, 그렇다고 시인이나 작가가 될 재목은 아니었다"라고 회고한 바 있다.

시진핑이 중국의 권력 1인자가 되고 나서 약 한 달 뒤인 2012년 12월 26일 마오쩌둥 탄생 119주년 기념일 자리에서의 일이다. 시진핑은 어느 선배가 자신에게 일러준 말이라며 당 간부는 세 가지를 마음에 담고 있어야 한다고 말했다.

"5000년 우수 문화를 잃어버려선 안 된다. 선배가 확립한 정치 제도를 망쳐선 안 된다. 조상이 물려준 땅을 절대로 작게 해선 안 된다."

사회주의보다는 중국 전통을 더 강조하고 있다.

2013년엔 중국 최고 지도자로선 21년 만에 공자의 고향인 산둥 성 취푸曲阜를 방문해 "유구한 전통문화를 가진 중화민족은 반드시 휘황찬란한 새로운 중화 문화를 창조해낼 것"이라고 말했다.

2014년 여름 시진핑을 격분시킨 사건이 있었다. 상하이의 한 소학교가 어문 교재에서 '등관작루登鸛雀樓'와 '강설江雪' 등 8편의 옛 시사詩詞 작품을 빼 물의를 빚은 것이다. 시진핑은 "교과서에서 고대 경전의 시가와 산문을 빼는 건 중국적인 걸 제거하는 비애로 난 정말 찬성하지 않는다"라며 격한 감정을 토해냈다.

그해 9월에는 공자 탄신 2,565주년을 맞아 "중국 공산당원은 중국의 우수한 전통문화의 충실한 계승자"라고 말했다.

역사는 거대한 체와 같아서 과거의 물건을 체로 걸러내 가치가 있는 것만 남긴다고 시진핑은 보는 것이다.

시진핑은 특히 서방 주요 국가 지도자를 만날 때 의도적인 설정으로 중국의 전통을 강조하며 외교적 이득을 챙긴다.

2014년 11월 버락 오바마 미 대통령 방중 시 그를 중난하이의 잉타이瀛台로 초청해 연회를 베풀고 함께 거닐며 청말 광서제光緒帝의 운명을 이야기했다. 시진핑은 오바마에게 중국 역사 공부를 당부하기도 했다. "중국의 현재를 이해하고 미래를 예측하려면 중국의 과거를 알아야 한다"라며 "중국의 치국 방침엔 전통의 유전자가 담겨 있다"라고 말했다.

그로부터 3년 후인 2017년 11월 도널드 트럼프 미 대통령이 중국을 찾았을 때는 베이징의 고궁故宮으로 초청해 경극을 함께 감상했다.

2023년 4월 초 에마뉘엘 마크롱 프랑스 대통령의 방중 시에도 중국의 전통문화를 함께 나누는 작전으로 마크롱을 공략했고 꽤 큰 효과를 얻었다. 시진핑은 마크롱과의 사적인 우의 강조를 위해 그를 광둥성 광저우의 쑹위안松園 빈관으로 초청했다. 쑹위안 빈관은 중국 영남원림嶺南園林의 특색을 잘 맛볼 수 있는 곳이다.

이곳에서 오직 마크롱만을 위해 2,000여 년 전 곡이라는 '유수流水'를 옛 거문고로 연주하게 했다. 이 곡은 춘추전국시대 백아伯牙와 종자기鍾子期의 우정에 맥이 닿아 있다. 백아가 높은 산과 흐르는 물을 생각해 거문고를 타면 그 뜻을 종자기는 정확하게 맞췄다. 훗날 종자기가 죽자 백아는 자신의 연주를 알아줄 지음知音

이 사라졌다며 거문고 줄을 끊었다고 해 '백아절현伯牙絶絃'이라
는 성어가 나왔다.

시진핑은 아마 이 곡을 함께 들으며 중국과 프랑스, 시진핑과
마크롱의 각별한 우정을 강조했을 것이다. 시진핑의 작전은 주
효한 듯하다. 이후 마크롱은 "유럽이 미국의 추종자가 돼선 안 된
다"라는 등 미국에는 각을 세우고 중국엔 유화적인 발언을 쏟아
냈다.

시진핑 뼛속에 각인된 또 하나의 DNA는 바로 반反서방과 중
국 전통의 수성守城이다.

★✦✧ **3장**

시진핑 DNA 3
- 홍색의 강산사유

"우리는 제5세대가 아니다. 우리는 혁명 세대의 뒤를 이은 제2 세대다."

시진핑이 과거 친한 지인들에게 자주 하던 말이다. 시진핑은 흔히 제5세대 지도자라 불린다. 국제적인 인식도 그렇다. 마오쩌 둥과 덩샤오핑, 장쩌민, 후진타오에 이은 다섯 번째 중화인민공 화국의 지도자란 뜻이다. 한데 시진핑은 자신이 2세대 지도자라 고 말한다.

무슨 뜻인가. 자신은 마오쩌둥의 후계자이지 덩샤오핑의 뒤를 이은 게 아니란 의미다. 왜 이런 이야기가 나오나. 시진핑의 과거 다른 말을 들어보자.

"나는 세 단계로 권력을 잡을 것이다. 먼저 장쩌민의 힘을 이 용해 후진타오를 완전히 은퇴시킨다. 이어 후진타오가 휘두르는 복수의 칼날이 장쩌민을 치게 할 것이다. 마지막으로 동지들과 새로운 국가를 건설한다."

여기서 시진핑이 언급하는 동지가 누군지를 알면 시진핑의 뜻을 대략 짐작할 수 있다. 바로 홍이대다. 홍이대 또는 홍후대紅後代는 중국을 세운 혁명 원로의 자제를 일컫는다. 건국 초기 장관 또는 장군 이상 고위 관직에 있던 간부의 자녀를 말한다. 범위를 조금 넓히면 홍이대의 배우자 또는 사위도 포함된다. 시진핑은 부총리를 지낸 시중쉰의 아들로 그의 혈관엔 홍이대의 피가 흐른다.

자신을 2세대라 하고, 장쩌민과 후진타오를 이이제이以夷制夷의 방법으로 제거하겠다는 시진핑의 말에선 덩샤오핑과는 일정 거리를 두면서 장쩌민과 후진타오는 아예 적으로 돌리는 태도가 읽힌다. 이는 현재 홍이대의 인식과 정서를 대변한다.

베이징에 홍이대의 모임인 '옌안자녀친목회延安兒女聯誼會'라는 게 있다. 25년 동안 마오쩌둥 비서를 지낸 후챠오무胡喬木 전 정치국원의 딸 후무잉胡木英이 부모 세대의 혁명정신을 배우자며 세웠다.

친목회 회장인 후무잉은 "지난 몇 년간 우리는 관이대官二代라는 말을 들었다. 그러나 우리는 관이대가 아니다. 우리는 홍이대다. 우리의 아버지 세대는 인민의 이익을 위해 일했다. 그러나 오늘의 간부인 관이대는 자신의 승진과 권력, 이익을 위해 일한다. 또 이들의 자녀는 부모의 권력을 이용해 막대한 이득을 취하고 있다"라고 비판한다. 후무잉의 관이대 성토엔 분노가 묻어 있다.

홍이대는 관이대가 홍색 강산 건설에 조금도 공을 세운 게 없으면서도 권력을 얻자 자신과 자녀의 이득 챙기기에만 몰두했다고 탓한다. 장쩌민과 후진타오의 집권 20여 년 세월을 홍색 정통에서 분리된 '잃어버린 20년'이라고도 말한다. 또 장과 후를 발탁한 덩샤오핑에도 책임이 있다고 말한다.

이제 그동안 소외됐던 홍이대가 홍색 강산을 지키는 최후의 보루로 나서야 하며 그 대표가 시진핑이라는 이야기다.

시진핑이 권좌에 오를 때 홍이대의 대대적인 지원이 있었던 건 물론이다. 2014년 신춘 하례식에 모인 홍이대 수백 명은 "시진핑을 지지하며 참견하지 않는다. 또 시진핑에 방해가 되는 일을 하지 않는다"라고 다짐했다. 후무잉은 이 자리에서 "이제 신선한 바람이 혼탁한 기운을 헤치고 올라오고 있다"라고 말했다. 이들은 시진핑이 덩샤오핑의 잘못된 노선을 앞으로 조금씩 수정해 나갈 것이며 반反부패 투쟁은 그 첫걸음이라고 인식한다.

덩샤오핑의 개혁개방 이후 돈도 벌지 못하고, 그렇다고 정치적 영향력도 확보하지 못한 채 소외된 삶을 살아왔다고 생각하는 많은 홍이대가 시진핑 집권 이후 새롭게 조명받게 되는 두 사건이 있다.

하나는 2013년 10월 15일이다. 이날 베이징 인민대회당에선 시중쉰 탄생 100주년 기념 좌담회가 열렸다. 새로운 권력자의 부친을 기리는 행사인지라 너무 많은 홍이대 집안이 참석을 원해 한 집안에 한 명씩만 참석을 허용했다고 한다. 좌담회에선 마오쩌둥과 시중쉰 간의 혁명적인 우의 관계가 일곱 번이나 강조됐다.

혹자는 홍이대의 많은 부모가 마오쩌둥에 의해 사지에 내몰리는 등 큰 고초를 겪었는데도 왜 마오를 계속 떠받들까 의아해 한다. 이에 대해 홍이대 출신의 역사학자 장리판張立凡은 "마오는 홍이대의 대부代父다. 홍이대에게 부모는 부모고, 대부는 대부다. 마오의 지위는 흔들림이 없다. 마오의 권위에 의문을 품는 건 공산당 권력의 정당성을 의심하는 것과 같다"라고 설명한다.

두 번째는 2021년 7월 1일이다. 중국 공산당 창당 100주년을 맞아 열린 행사에 홍이대가 대거 천안문 성루로 초대된 것이다. 중국에서 독립 기자로 활동 중인 가오위高瑜는 내로라하는 홍이대 집안에서 한 명씩만 초대를 받았고, 좌석 서열은 부친과 조부의 서열을 따랐다고 전했다.

가오위는 홍이대를 행사장으로 안내하는 셔틀버스 1호 차 탑승자를 소개하고 있는데 눈여겨볼 만하다.

마오쩌둥의 딸 리민李敏, 저우언라이의 조카딸 저우빙더周秉德, 류사오치의 딸 류팅劉亭, 주더朱德의 손자 주허핑朱和平, 덩샤오핑의 차녀 덩난鄧楠, 천윈陳雲의 장녀 천웨이리陳偉力 등 여섯 명이다.

중국 당국이 생각하는 개국 공신의 서열을 읽을 수 있다. 이에 따르면 덩샤오핑은 5위에 불과하다.

가오위는 또 "후진타오와 원자바오溫家寶는 집사에 불과하며 이들의 후손은 관이대라 불린다"라고 말해 홍이대와의 차별성을 강조했다. 솔직히 홍이대의 몸값을 관이대와 비교할 수 없다는 선민의식이 깔려있다. 자신도 홍이대로 알려진 가오위는 "행사 후 원로 후손들이 기념사진을 찍었는데 리민이 가운데 섰다. 과거 마오쩌둥의 위치"라고 적었다.

가오위가 중국에서는 차단된 트위터를 통해 전한 이 내용은 중국 내 현재 500여 가문으로 파악되는 홍이대의 현재 위상을 적나라하게 보여준다.

홍이대, 특히 마오 지지 세력에 전설처럼 전해지는 이야기가 있다.

마오가 장칭江青과의 사이에 낳은 딸 리너李訥에 대한 덩샤오핑과 시진핑의 완전히 다른 대우다. 마오 사후 장칭이 수감 생활을 할 때 리너는 신장 질환을 앓았다. 병 치료할 돈도 없던 리너는 당 중앙에 편지를 썼다. "아버지가 생전에 남긴 유산 일부를 계승

할 수 있으면 당의 은혜에 감격하겠다"라는 게 그 요지였다.

이를 보고 받은 덩샤오핑은 "마오쩌둥의 재산은 모두 당과 국가의 재산"이라고 딱 잘랐다. 리너는 그저 하늘을 우러러 탄식할 뿐 투석을 제때 받지 못했다고 한다.

그러나 시진핑은 집권 이후인 2013년 12월 마오 탄생 120주년 행사 때 리너는 물론 마오가 허쯔전賀子珍 사이에 낳은 딸 리민, 그리고 마오의 생활비서 장위펑張玉鳳을 초대해 연회를 베풀었다.

시진핑은 추운 겨울임에도 바깥에 나와 이들의 도착을 기다렸을 뿐 아니라 식사 도중 리너가 몸이 안 좋아 밥 먹기 힘들다는 이야기를 듣자 리너를 위한 요리사 배치를 지시했다. 이런 사연을 전해 들은 마오 지지 인사들이 눈물바다를 이뤘다고 한다.

후에 알려진 바에 따르면 시진핑은 주방장 외에도 운전기사, 경호원, 비서 등도 파견해 리너 일가에 대한 예우를 퇴임 차관급 수준으로 올렸다고 한다. 홍이대, 특히 마오 지지 세력이 열광했음은 물론이다.

홍이대의 DNA 중 시진핑의 집정執政에 가장 크게 영향을 미치는 건 바로 강산사유江山思惟와 여기서 비롯되는 치국천명治國天命이다.

홍이대는 자신의 선대가 투쟁을 통해 천하를 획득했다打江山고 생각한다. 조상이 피를 흘렸으니 뿌리도 바르고 싹도 붉은根正苗紅

홍이대가 천하를 깔고 앉아야 하며坐江山 이 붉은 강산을 색깔이 변하지 않도록 영원히 지켜야 한다保江山고 생각한다. 이 같은 생각을 바탕으로 홍이대가 치국천명을 부여받았다고 생각한다.

커우젠원寇健文 대만국립정치대학 교수는 "시진핑 또한 자신이 치국천명을 받았다고 생각한다"라고 말한다. 실제 시진핑의 행보가 그렇다. 2002년 10월 저장성 대리성장이 되자 시진핑은 자싱嘉興의 난후南湖에 가서 홍선紅船부터 둘러봤다. 이곳은 1차 당 대회 때 경찰의 추격을 피해 행사를 연 장소다.

2007년 3월 상하이 당 서기가 됐을 때도 시진핑은 상하이의 1차 당 대회와 2차 당 대회 유적지를 살폈다. 이 모두 시진핑 자신이 정통 홍이대 출신이라는 것을 과시하는 동시에 당의 사업을 위해 충성을 다하겠다는 마음을 표하는 행동이다.

커우젠원은 "시진핑은 자신이 마오쩌둥 시대와 같이 사회주의를 이용해 중국을 개조하고 세계를 개조할 수 있다고 굳게 믿는다"라고 말한다. 중국몽과 일대일로 제기는 그런 배경에서 나오는 것이란 설명이다.

그러나 시진핑의 이 같은 강산사유에 대해 쓴소리도 나온다.

쑨리핑孫立平 중국 칭화대 교수는 홍이대의 강산사유는 강산을 마치 내 조상이 투쟁해 얻은 것이니 그 후손이 강산의 소유자가 돼야 한다는 생각, 즉 강산을 사유재산처럼 생각하는 위험이 있다고 말한다. 이처럼 강산을 먹겠다吃江山는 말은 권력은 인민이 부여한 것權爲民所賦이란 정신과 맞지 않는다는 지적이다. 홍이대의 강산이 아니라 인민의 강산이 돼야 한다는 주장이다.

두 번째 문제는 시진핑 집권 시 "홍색의 꿈이 이뤄졌다"라며 열광했던 홍이대 내부에 균열이 생기고 있다는 점이다. 시진핑과 그의 측근들로 이뤄진 시자쥔習家軍이 득세하며 장쩌민의 상하이방과 후진타오의 공청단을 물리친 것까지는 좋았는데 이젠 홍이대마저 숙청하고 있다.

2017년 3월 '군대 내 재사軍中才子'로 불리던 류야저우劉亞洲가 갑자기 국방대학 정치위원 자리에서 물러났다. 류야저우의 장인은 전 국가주석 리셴녠李先念이고, 부인은 시진핑의 동갑내기 친구 리샤오린李小林 전 중국인민대외우호협회 회장이다.

미국으로 망명한 차이샤蔡霞 전 중앙당교 교수에 따르면 류야저우는 2017년 시진핑에게 신장新疆 정책 수정을 건의하는 편지를 썼다가 미운털이 박혔다. 이후 소식이 감감했는데 2023년 3월 홍콩 언론이 류가 '엄중한 경제부패 문제에 연루돼 사형 선고, 집행 유예 2년'을 선고받았다고 보도했다.

역시 홍이대 출신의 기업가로 인터넷 공간에서 바른말 잘하기로 유명해 '런任 대포'로 불리던 런즈창任志强은 2020년 2월 코로

나 사태에 제대로 대처하지 못한다며 시진핑을 '광대'라고 비난
했다가 징역 18년 형을 받았다. 런즈창은 특히 왕치산과도 밀접
한 관계여서 커다란 파문을 던졌다. 한때 시진핑의 오른팔이었
던 왕치산 전 국가부주석과 시진핑의 관계 또한 애매해졌다는
말이 돈다.

　시진핑은 혈연적으로 홍이대에 속하고, 홍이대의 열광적인 지
지에 힘입어 권좌에 올랐으며 홍이대의 인식에 따라 치국천명의
임무를 수행한다. 그러나 이젠 더 홍이대의 따가운 건의를 수용
하지 않는다. 홍이대라고 다 같은 홍이대가 아니라는 사실을 일
깨워준다.

　시진핑에겐 홍이대를 넘어 황제의 피가 흐르고 있는 모양새다.

홍이대 키워드

후무잉이 말하는 홍이대 키워드 13개

1	홍이대 정의 (紅二代定義)	혁명에 참여한 후손이라고 다 홍이대가 아니다. 장관, 장군 이상의 자녀여야 한다
2	옌안보육원 (延安保育院)	옌안보육원에서 생활한 추억이 있어야 한다
3	8.1학교 (八一學校)	영도의 자녀가 다닌 8.1학교에서 공부했어야 한다
4	공농병학원 (工農兵學員)	문혁 때 노동자나 농민, 군인으로 있다가 대학에 갔어야 한다
5	시화팅 (西花廳)	중난하이 서북쪽 모서리 시화팅(西花廳)에 피는 해당화를 알아야 한다
6	괘면과 통조림 (掛麵、罐頭)	문혁 시기 얻기 어려웠던 국수 괘면(掛麵)이나 통조림 등을 먹었어야 한다
7	2개의 양식당 (莫斯科餐廳、 新橋飯店)	개혁개방 이전 베이징에 있던 양식당인 모스크바 식당과 신교반점에 출입했어야 한다
8	장교 외투 (將校呢)	장교급 군관에게만 주던 겨울철 외투를 입고 폼을 잡아봤어야 한다
9	군관 혁대 (武裝帶)	군관 혁대로 멋을 내봤어야 한다
10	베이징의원 (北京醫院)	아프면 마오쩌둥이 친필로 병원 이름을 쓴 베이징의원을 다녔어야 한다
11	자전거 (自行車)	당시 유행품 중 하나인 자전거를 탔어야 한다
12	입대 (參軍)	한 번쯤 군대에 갔어야 한다
13	출국 (出國)	해외로 유학을 다녀왔어야 한다

4장

시진핑 DNA 4
- 반역하는 투쟁 본능

'당내 파벌이 없다면 참으로 기괴한 일이다黨內無派 千奇百怪'.

이는 중국 공산당의 창시자 천두슈陳獨秀가 장제스蔣介石의 국민당을 비판하며 쓴 '국민당 4자경四字經'에 나오는 문구인데 마오쩌둥이 자주 인용한 것으로 유명하다. 파벌이 난무하는 국민당 상황을 조롱한 것이지만, 마오는 '사람이 있는 곳엔 강호江湖가 있고 권력이 있는 곳엔 투쟁鬪爭이 있는 법'이란 뜻에서 이 말을 썼을 것이다.

사실 중국 공산당은 1921년 창당 이래 노선투쟁이라는 이름 아래 끊임없이 권력투쟁을 전개해 왔다. '이기면 왕이 되고 패하면 역적이 된다成王敗寇'라는 말은 시대를 불문하고 한결같은 진리다. 특히 공산당 일당 지배하의 중국에선 법규는 종종 무시되기 일쑤다. 당내 권력투쟁에서 승리한 자는 자신의 입맛에 맞게 규칙을 제정하고, 패자는 그저 무릎을 꿇고 승자의 처분을 기다릴 뿐이다.

어릴 적 비판 대회에 끌려 나가 목숨이 경각에 걸리는 등 일찌 감치 인정의 냉담함을 맛보고 자란 시진핑에게 각인돼있는 또 하나의 중요한 DNA는 바로 투쟁 본능이다.

"시진핑의 세계관은 충돌을 정치의 본질로 인식하며 협력은 부차적인 것으로 본다는 점이다. 따라서 투쟁을 견지해 승리를 얻어내려 한다."

커우젠원寇健文 대만국립정치대학 교수의 말이다.

커우젠원 교수는 시진핑이 집권하자마자 대대적으로 전개한 반反부패 운동이 투쟁 정신과 닿아 있다고 설명한다. 중국 정치 사회에서는 청렴과 부패가 대립한다. 시진핑 입장에서 부패는 적아모순敵我矛盾이 되는 거다. 그럼 어떻게 해야 하나. 적敵인 부 패에 대해선 전제 수단을 동원해 강력한 진압에 나선다. 이는 선 과 악, 맞고 틀리고의 표준 문제다. 옳은 일은 결코 양보할 수 없 는 법當仁不讓이다. 투쟁을 통해 최후의 승리를 거둬야 한다.

이 같은 시진핑의 투쟁 본능은 그의 성장 과정과 떼어내 설명 하기 어렵다. 홍이대 출신 역사학자 장리판張立凡은 "불행하게도 시 주석의 청소년 시절은 문혁 시기와 겹친다. 정상적인 교육을 받지 못했고 시골로 보내졌다. 업신여김도 받았고 친구들과 패

싸움을 벌이다가 도망도 가야 하는 등 굴욕을 감내해야 할 경우가 많았다"라며 싸움으로 다져진 시진핑의 인생 초반부를 이야기한다.

2014년 8월 시진핑이 난징의 한 체육관을 찾아 복싱 선수를 격려한 일화는 유명하다. "나도 젊었을 때 권투를 했었다. 방금 자네의 어퍼컷을 보니 꽤 좋았다. 우리 선수들은 어퍼컷을 잘 사용하지 않는데 유럽 선수들의 어퍼컷은 매우 위협적이다"라고 말한 게 중국 중앙TV에 소개된 것이다. 시진핑이 복싱을 정식으로 배웠는지는 분명하지 않다. 그러나 길거리에서 끊임없이 싸우며 단련된 사람이라는 데는 이견이 없어 보인다.

시진핑은 실제 싸움에도 능하지만, 투쟁 정신은 둘째가라면 서러워할 만큼 강하다. 장리판의 말처럼 시진핑은 문혁 세대에서 공통으로 보이는 투쟁의 특질을 갖는다. '대담하게 반역한다 敢於造反'가 그것이다. 문혁 세대는 성장 과정 중 투쟁의 대상이 계속 진화했다. 처음 투쟁 대상은 학교의 스승이었고 이어 사구타파四舊打破로 말해지는 구사상, 구문화, 구풍속, 구습관이 타도의 대상이 됐다.

다음엔 계급 성분이 나쁜 학교 친구와 노간부가 타깃이 됐고, 이후엔 마오쩌둥의 대변인인 중앙문혁소조에 대해서 반항하며 끝내는 문혁 노선에까지 질의를 던지게 되는 것이다. 시진핑의 감히 말하고 감히 행동하며 감히 책임지는 자세는 바로 이 같은 문혁 시기 청소년 시절에 배양된 대담하게 반역하는 투쟁의 정신에서 비롯된 것으로 보는 시각이 많다.

한 중화권 차이나 워처의 설명은 아주 단순 명쾌하다. "시진핑은 어릴 적 자신은 좋은 사람이고 나쁜 놈의 억압을 받아 고초를 겪는다고 확신한다. 그래서 노력해 발전해야 하고 나쁜 놈과는 투쟁해야 한다고 생각한다"라는 것이다. 시진핑이 마오쩌둥이 말하는 '우공이산愚公移山' 우화를 좋아하는 것도 같은 이치다. 산을 옮기는 노인의 이야기가 전하는 메시지는 결국은 정의가 승리할 것이란 희망이라는 거다.

시진핑의 투쟁 본능은 2019년 9월 중앙당교 중청반中靑班, 중청년간부연수반 가을학기 입학식에서 행한 연설에서 가장 뚜렷하게 드러난다. "중국 공산당 건립, 중화인민공화국 성립, 개혁개방 실행, 신시대 사업 추진은 모두 투쟁 중에 탄생했고 투쟁 중에 발전했으며 투쟁 중에 장대해졌다"라고 말문을 연 시진핑은 "중화민족의 위대한 부흥은 징을 치고 장구를 쳐서 이룰 수 없다. 위대한 꿈을 실현하려면 반드시 위대한 투쟁을 전개해야 한다"라고 말한다.

또 "우리들이 마주한 투쟁은 단기적이 아니라 장기적"이라며 "공산주의자들 투쟁의 큰 방향은 공산당의 영도와 사회주의 제도를 흔들리지 않게 견지하는 것"이라고 투쟁의 방향을 제시한다. 이어 "투쟁은 일종의 예술로 투쟁에 능해야 하며 원칙 문제에선 한 발짝도 양보하지 않아야 한다. 투쟁 정신과 투쟁 능력은 타고나는 것이 아니다. 비바람을 맞으며 단련을 통해 다져야 한다"라고 주문한다.

시진핑은 "모순이 있으면 투쟁해야 한다"라며 "간부는 투쟁의 지휘자인 동시에 전투원으로 내정과 외교, 국방 모든 방면에서 과감히 투쟁하고 투쟁에 능한 전사戰士가 돼야 한다"라고 다그친다. 이 연설은 투쟁으로 시작해서 투쟁으로 끝나고 있다. 1970년대 출생한 대략 40대 중반의 간부를 대상으로 한 연설로 시진핑의 중국이 왜 이렇게 대내외적으로 투쟁적인 모습을 보이는가를 가늠케 해준다.

시진핑이 간부들에게 투쟁을 강조하는 교육은 계속되고 있다. 2022년 3월의 중앙당교 중청년 간부 연수반 개강식 강연에서도 '위대한 투쟁'을 역설했다.

"좁은 길에서 만나면 용감한 자가 승리한다狹路相逢勇者勝는 기개로 싸움에 과감하고 능해야만 비로소 존엄과 주체성을 얻고 국가 주권과 안보, 발전 이익을 확실히 수호할 수 있음을 무수한 사실이 우리에게 알려준다"라고 말했다. 또 "젊은 간부는 등을 반듯하게 세우고 적진으로 앞장서 들어가며 싸우는 과정에서 모진 풍파를 겪으며 세상 물정을 잘 알아야 한다"라고 말했다.

시진핑 입장에서 중국은 현재 평시 상황이 아니다. 투쟁해야 하는 전시 상황이다. 중국이 대내적으론 끊임없는 반부패 운동을 전개하고 세계를 상대로 부단히 전랑외교戰狼外交를 펼치는 데는 다 이유가 있었던 셈이다.

과거 중국 공산당의 권력투쟁은 너 죽고 나 살기의 목숨을 건 살벌한 전쟁이었다. 그러나 문혁이 끝난 뒤 정치국에서 4인방을 심사하며 변화가 있었다. 당시 많은 이가 마오의 부인 장칭에 대해 사형선고가 내려지기를 바랐지만, 덩샤오핑에 이어 당내 2인자였던 천윈陳雲이 "당내 투쟁으로 사형을 선고해선 안 된다. 그렇지 않으면 후대를 관리하기 어렵다"라고 주장해 장칭을 감옥으로 보내는 선에서 끝냈다.

이후 중국 정치 투쟁의 패배자에 대해선 처형하지 않는 관행이 생겼으나 시진핑이 다시 투쟁을 강조하며 분위기가 바뀌고 있다는 이야기가 나온다. 정치국원이 되면 아무리 죄를 지어도 사형까지는 시키지 않고入局不死 정치국 상무위원의 경우엔 죄를 묻지 않는다入常不罪고 했으나 시진핑 집권 이후 이런 불문율은 모두 깨졌다는 것이다. 시진핑은 "썩은 나무는 뽑고 병든 나무는 다스리며 비뚤어진 나무는 바로잡아야 한다"라고 말한다.

문제는 정치의 본질을 충돌로 보는 시진핑의 투쟁 사유가 국제정치로 이어지면 사회주의와 자본주의 길 간의 적아敵我 구분에 대한 인식으로 연결된다는 점이다. 커우젠원은 "시진핑은 어릴 적부터 무산계급 전정 하의 계급투쟁 관념을 배웠다. 안전감이 부족하다. 원칙적인 문제에 있어 정치충돌은 제로섬 게임이라 인식한다"라고 말한다. 시진핑 집권 이후 중국과 세계가 팽팽한 긴장 상태를 유지하는 일이 많아진 데는 다 이유가 있는 것이다.

참으로 아쉬운 건 한·중 관계 역시 시진핑의 투쟁 사유 속에 놓여 있는 게 아닌가 하는 점이다.

★ **5장**

시진핑 DNA 5
- 신하에도 굽히는 현실주의

"총명한 사람은 시대에 맞춰 변화하고明者因時而變 지혜로운 사람은 때에 따라 제도를 바꾼다知者隨事而制".

시진핑이 집권 초기인 2013년 8월 전국 선전사상 공작회의에서 시대에 맞는 선전수단 개발을 주문하며 한 말이다. 이는 원래한나라 때 사람 환관桓寬이 쓴 『염철론鹽鐵論』에 나오는 문구다. 똑똑한 사람은 시간이나 낡은 제도에 얽매이지 않고 상황 변화에 유연하게 대처한다는 뜻이다.

시진핑은 이 말을 즐겨 쓴다. 2014년 열린 '아시아교류 및 신뢰구축회의CICA'와 같은 국제행사에서 연설할 때도 사용한 적이있다. 상황에 맞춰 행동하라는 시진핑의 주문은 사실 우리가 왜시진핑을 이해하기 어려운가를 알려주는 말이다. 그때그때 형세판단에 따라 움직이니 무엇이 본심인지 알 수 없는 것이다. 지난

2년간 열심히 민영기업을 때려잡다가 갑자기 "나는 일관되게 민영기업을 지지해왔다"라고 말하는 게 그런 예다.

여기서 우리는 시진핑 DNA에 깊숙하게 박혀있는 다섯 번째 특질 '현실주의'를 읽을 수 있다.

중국에 굴신제천하屈臣制天下라는 말이 있다. 신하에게 허리를 굽혀 천하를 다스린다는 뜻인데 필요하면 자신보다 못한 사람에게도 머리를 숙일 수 있다는 거다. 시진핑의 행동거지를 결정하는 중요 요인 중 하나는 현실 이익이다. 강한 상대엔 강하게 나가지만 세勢가 불리하면 후퇴할 줄도 안다.

커우젠원 대만국립대 교수는 "시진핑은 자신이 우위를 점하고 있지 않을 때는 도광양회의 모습도 보일 줄 안다"라고 말한다. 시진핑은 집권 이후 이제까지 '자신의 재주를 드러내지 않고 강성해질 때까지 참고 기다리라'는 덩샤오핑의 도광양회 정책을 입밖에 낸 적이 없다. 그러나 필요하다면, 또 현실적으로 이익을 챙길 수 있다면 기꺼이 자존심을 접을 수도 있다. 2007년이 그런 해였다.

2007년 3월 상하이 당서기가 된 시진핑은 10월 초 후진타오 국가주석의 상하이 시찰을 맞는다. 후진타오는 당시 시진핑과 독대를 해 당 중앙의 중요 결정 사항을 알린다. 바로 시진핑을 차세대 지도자로 만들기로 했다는 것이다. 과연 시진핑은 얼마 후인

10월 중순 열린 제17차 중국 공산당 전국대표대회에서 서열 6위의 정치국 상무위원에 오른다. '추쥔儲君'. 황태자가 된 것이다.

시진핑으로선 후계 자리를 예약한 상태로 5년을 잘 버티면 대권을 거머쥐게 되는 셈이다. 이때 중요한 건 잘못을 범하지 말고 각 세력의 지지를 얻어야 한다. 시진핑은 홍이대 혈통으로 우선 이들의 지지를 받는 게 절실했다.

시진핑 일대기를 쓴 양중메이에 따르면 홍색 가문은 당시 크게 4개의 세력으로 나뉘었다.

우선 덩샤오핑의 장남 덩푸팡을 우두머리로 하는 덩파鄧派를 첫 번째로 꼽을 수 있다. 다음은 덩샤오핑과 쌍벽을 이뤘던 천원陳雲의 아들 천위안陳元이 수장인 진파陳派, 후야오방의 아들 후더핑胡德平을 중심으로 모이는 호파胡派, 그리고 맨 마지막에 자오쯔양의 노선을 따르는 왕치산 등이 있었다.

호파의 후더핑은 방주幇主가 될 그릇의 인물은 아니었다고 한다. 그저 후야오방이 민정을 살피거나 청년 인재를 발굴할 때 돕는 정도였다. 재미있는 건 후진타오나 시진핑 모두 후더핑의 안내로 후야오방을 만났다는 점이다. 시진핑을 허베이성 정딩현 당서기에서 푸젠성 샤먼시 부시장으로 발탁한 게 바로 후야오방이었다.

천위안의 진파 깃발 아래는 부동산 업체 완커萬科가 있었다.

그러나 홍이대 최대 세력은 덩푸팡이 이끄는 등파였다. 시진 핑으로선 덩푸팡의 지지를 얻는 게 무엇보다 중요했다. 한데 여기엔 문제가 있었다. 시習씨와 덩鄧씨 집안 사이에 은원이 있는 거다. 시중쉰과 덩샤오핑 간 두 차례에 걸쳐 충돌이 벌어졌다.

1차 충돌은 1954년 가오강高崗 사건으로 올라간다. 가오강은 산시陝西성을 근거지로 류즈단, 시중쉰 등과 함께 활동한 건국 초기 주역인데 1954년 반당 혐의로 체포되자 자살하고 말았다. 이 사건 때 덩샤오핑은 류사오치와 저우언라이 편에 서서 가오강을 공격했고, 그 여파로 1962년 소설 『류즈단』 파문으로 시중쉰이 숙청당하기까지 한다.

악연은 여기서 끝나지 않는다. 2차 충돌은 1987년 후야오방 총서기 파면 때 벌어진다. 덩샤오핑은 집에서 생활회를 열고 후야오방이 자산계급 자유화를 반대하는 데 힘을 쏟지 않는다는 명분을 내세워 경질에 나선다. 이건 구실이다.

당시 후야오방과 시중쉰은 경제개혁과 함께 정치체제의 개혁이 이뤄져야 한다고 생각했고, 그런 사고의 연장선에서 덩샤오핑의 완전 은퇴를 바랐다. 덩은 "까놓고 말해서 당신들은 내가 다시는 중앙의 일을 묻는 걸 원하지 않고, 내가 당신들의 일에 간섭하는 걸 싫어하는 것 아닌가"라고 냉랭하게 말했다고 한다.

결국 1987년 1월 당 중앙위원회 주임인 보이보薄一波의 주재로 중앙생활회가 열렸고, 보수파 원로들은 후야오방의 사직을 요구한다. 그러자 격분한 시중쉰이 일어나 "생활회에서 당 총서기의 문제를 토론할 수는 없다. 당의 원칙을 위반하는 것"이라고 책상을 치며 거세게 항의한다. 시중쉰은 당내 민주 절차에 따르지 않고 덩샤오핑의 집에서 총서기를 파면하는 건 개인 독재로 마오쩌둥의 착오를 다시 범하는 것이라고 주장한다.

이 발언으로 시중쉰은 역사에서 아름다운 이름을 얻었지만, 최고 권력자 덩샤오핑의 어마어마한 분노를 산 건 당연지사다.

이후에도 자칫 3차 충돌이 벌어질 뻔했는데 이를 막아선 건 현실주의자인 아들 시진핑이었다. 2차 충돌이 있은 지 5년 뒤인 1992년 10월 제14차 당 대회 개막을 앞두고서였다.

당시 당 대회에서 발표될 정치 보고 초안이 시중쉰에게 전해졌는데 시중쉰이 보니 덩샤오핑 이론의 공적을 찬양하는 게 무려 57곳이나 됐다. 시중쉰은 이에 붓을 들어 문제를 지적하는 글을 쓰려고 했다. 놀란 시중쉰의 비서가 당시 샤먼시 부시장으로 있던 시진핑에게 이 사실을 알렸고, 한걸음에 달려온 시진핑이 아버지를 만류해 간신히 3차 충돌을 막을 수 있었다고 한다.

위의 몇 가지 예만 봐도 시중쉰은 누구의 눈치를 보지 않는, 곧은 사람이다. 그러나 시진핑은 상황 판단을 하고 움직인다. 현실주의자다. 그런 시진핑은 자신이 최고 지도자가 되기 위해선 덩씨 집안과의 '역사적인 화해'가 필요하다고 봤다. 그래서 도움을 요청한 게 등파 사람이자 중국 제일의 집안이라고 불러도 손색이 없을 위俞씨 가문의 위정성俞正聲이었다.

위정성의 할아버지 위밍전俞明震은 중국의 대문호 루쉰魯迅의 스승이고, 할머니는 청말 태평천국太平天國의 난을 진압한 쩡궈판曾國藩의 손녀다. 아버지 위치웨이俞啓威는 국가기술위원회 주임을 역임했는데 마오쩌둥의 마지막 부인 장칭의 전남편으로 본명보다 황징黃敬이라는 이름으로 더 유명하다. 위정성의 어머니는 유명 사학자 판원란范文瀾의 여동생 판진范瑾으로 베이징일보 사장을 역임했다.

위정성의 부인은 중국 국방부장을 지낸 장아이핑張愛萍 장군의 딸이며 위씨 집안의 위다웨이俞大維는 대만 장제스의 국민당 정부에서 국방부장을 지내는 등 대륙과 대만 어느 곳이든 위씨 집안의 영향력이 미치지 않는 곳이 없었다.

게다가 위정성은 덩푸팡의 절친이다. 문혁 때인 1968년 박해를 받던 덩푸팡이 자살을 시도해 생명이 경각에 달렸을 때 손을 쓰지 않던 병원을 다그쳐 살려낸 게 위정성으로 알려져 있다. 위정성은 덩푸팡이 중국장애인복지기금회를 만들었을 때 이사장을 맡기도 했다.

시진핑은 위정성에게 자신이 덩푸팡을 초대해 식사를 할 수 있도록 다리를 놓아달라고 청했다. 어떻게 됐을까. 덩푸팡은 고심 끝에 자신은 몸이 좋지 않다면서 막내 여동생 덩룽鄧榕과 그의

남편인 허핑賀平 바오리保利그룹 회장을 대신 내보낸다. 겉으론
화해의 제스처를 취한 것이다. 그러나 일설에 따르면 덩푸팡이
시진핑을 낮춰 보는 실수를 범했다고 한다.

시진핑은 필요하다면 껄끄러운 세력 끌어안기도 마다하지 않
는다. 국가부주석으로 있던 2010년 10월, 류사오치의 부하로 중
앙서북국 서기를 역임한 류란타오劉瀾濤 탄신 100주년 좌담회에
참석해 축사를 발표한다. 류란타오는 소설『류즈단』사건 당시
시중쉰을 조사한 반당활동조사위원회 부주임이었다. 어찌 보면
원수의 집안인데 홍이대의 새로운 공생을 위해 화해에 나섰다는
평가가 따랐다.

현실주의자 시진핑이 공을 들인 게 어디 홍이대 뿐이었겠나.
시진핑이 푸젠성에서 근무할 때는 리펑李鵬 총리를, 저장성 당서
기로 있을 때는 장쩌민 국가주석을 초청한다. 이때 시진핑이 손
님의 마음을 사기 위해 꺼내는 비장의 카드가 있다. 바로 중국에
서 국민가수로 인기가 높은, 부인 펑리위안彭麗媛을 자리에 불러
분위기를 돋우는 거다.

2013년 박근혜 전 대통령이 베이징을 방문했을 때 시진핑이
펑리위안과 함께 가족적인 분위기의 깜짝 오찬을 준비한 건 그
만큼 한국에 신경을 썼다는 방증이기도 하다. 시진핑은 상황에
맞춰 치고 빠지는 데 능하다.

2018년 7월 초 20대 후반의 한 여성이 상하이에서 시진핑 초상의 선전물에 먹물을 뿌리는 사건이 발생했다. 점차 도를 더해가던 시진핑 개인 우상화에 대한 반발이었다. 그러자 중국 당국은 전국 각지의 시진핑 얼굴이 들어간 사진과 포스터 등 선전물을 철거하는 작업에 돌입했다. 우상화 선전이 숨 고르기에 들어간 것이다.

2022년 봄엔 제로 코로나 정책 고수로 상하이가 두 달여 봉쇄되며 민심이 악화하자 갑자기 중국 언론에 리커창 총리의 동정이 강조되는 일이 있었다. 이에 서방 언론은 가을 당 대회를 앞두고 '리커창이 뜨고 시진핑이 퇴조한다李上習下'라는 분석을 쏟아냈다.

완전히 틀린 이야기다. 리커창은 시진핑이 허용하는 범위 안에서 머물 뿐이었다. 여론이 나빠지자 시진핑이 잠시 대중의 눈을 피한 것이다.

시진핑 집권 초기 한때 그가 '등체모용鄧體毛用'의 길을 가고 있다는 말이 있었다. 경제적으론 덩샤오핑의 개혁개방 노선을 따르고 정치적으론 마오쩌둥의 권위주의를 차용하고 있다는 이야기다. 일부는 맞고, 일부는 틀리다.

현실주의자 시진핑은 마오쩌둥이든 덩샤오핑이든 자신이 현재 필요로 하는 걸 취할 뿐이다. 시진핑은 "한 시대는 한 시대의 문제가 있고, 한 시대의 사람은 그 시대의 사명이 있다"라고 말한다. 시대와 상황에 따라 맞닥뜨리는 문제가 각기 다르고 그 시대를 사는 사람은 굳이 옛 법에 메일 필요가 없이 자신이 생각하는 방법에 따라 시대적 사명을 완수해야 한다는 이야기다.

지극히 현실주의적인 사고다. 그게 시진핑이다.

6장

시진핑 DNA 6 – 소아 버리고 대아 취하는 집단주의

중국인은 흔히 '삼관三觀'을 말한다. 세계관, 인생관, 가치관이다. 세상을 어떻게 볼 것인가, 인생을 어떻게 살 것인가, 어디에 가치를 둘 건가. 중국의 청춘은 이 삼관이 맞는 짝을 찾는 게 좋다고 말한다.

그러고 보니 시진핑의 첫 결혼 실패가 다소 이해된다. 황토 고원에 뿌리를 내리려는 시진핑과 영국 유학을 떠나 해외에서 발전을 추구하려는 커링링은 부닥칠 운명이었다.

반면 현재 중국의 퍼스트레이디 펑리위안은 시진핑과 맞는 구석이 많다. 인민해방군 소속 가수였던 펑리위안은 시진핑과의 첫 만남 때 펑퍼짐하고 헐렁한 군복을 입고 갔는데 둘 다 수수한 성격이 닮았다. 펑은 또 민족성악 전공으로 전통 고수의 시진핑과도 맞는다. 펑의 아버지가 문혁 때 우파로 몰려 공격을 받는 등

어릴 적 고초를 겪은 점 또한 일치한다. 두 사람의 삼관이 비슷하지 않았을까 싶다.

한데 이러한 삼관 형성에 중요한 게 시대를 풍미하는 사조思潮다. 시진핑은 어떤 사조의 영향을 받았을까. 문혁의 광풍이 몰아친 마오쩌둥 시대를 지나 덩샤오핑의 개혁개방 이후 중국엔 여러 사상적 흐름이 이어졌다.

인민일보 기자 출신 저술가 마리청馬立誠은 1978년 이후 30여 년간 중국엔 대략 여덟 개의 민간 사조가 나타나 나름 세력을 형성했다고 말한다.

1 덩샤오핑 이론 또는 중국 특색의 사회주의 사상, 2 마오쩌둥의 말년 사상을 지지하는 구좌파, 3 서구 좌익 사회주의의 영향을 받은 신좌파, 4 유럽 사회민주주의에서 아이디어를 얻은 민주사회주의, 5 서구식 인권을 따르는 자유주의, 6 중화민족 중흥을 주장하는 민족주의, 7 대중에 영합하는 인민주의, 8 유가의 부흥을 꾀하는 신유가 사상 등이다.

그러나 나는 중국 역사학자 샤오궁친蕭功秦의 6대 분류가 더 와닿는다. 자유주의-신권위주의-신좌파-신민족주의-문화보수주의-민주사회주의 등 시간 순서에 따른 것으로 이해가 쉽다.

샤오궁친에 따르면 개혁개방 이후 가장 먼저 형성된 사조는 자유주의다. 마오의 극좌 시대에 대한 비판과 반성에서 나왔다. 인간의 존엄과 가치, 자유, 계몽 및 사상해방을 외친다. 문제는 중국 전통의 농업사회에 서구 현대의 산업문명 이념을 이식하려다 보니 '귤이 회수를 건너면 탱자가 되는' 지경에 빠졌다는 점이다. 특히 1989년 6.4 천안문 사태로 대표되는 거리의 급진적 자유파는 오히려 반발을 불렀다.

1980년대 후반 들어 급진적 자유주의에 의혹을 제기하는 신권위주의 사조가 등장했다. 이들은 점진적이고 온건하면서도 진보적인 권위를 지렛대로 삼는 사회질서를 주요 가치로 생각한다. 개명전제開明專制 하의 사회 진보만이 최종적으로 민주화와 현대화를 실현할 수 있다고 주장한다. 샤오궁친이 여기에 속한다. 장쩌민부터 후진타오를 거쳐 시진핑에 이르기까지 3대의 제사帝師로 일컬어지는 왕후닝王滬寧 또한 신권위주의 지지자로 알려진다.

21세기 들어서며 신권위주의 활약이 주춤했다. 두 가지 이유가 거론된다. 하나는 신권위주의가 타깃으로 삼았던 급진적 자유주의의 약화다. 더 때릴 게 없어진 것이다. 다른 하나는 1990년대 초반 이후 중국은 사실상 신권위주의 시대로 접어들어 기존 체제를 더 변호할 필요가 없어졌다는 점이다.

그러자 1990년대 중반부터 신좌파가 등장한다. 신좌파는 중국이 자본주의사회로 진입해 부패와 불공평이 성행한다며 평등주의로 돌아갈 것을 주장한다. 이들은 심지어 마오쩌둥이 만년에 일으킨 문혁의 가치를 '재발견'했다고 말한다. 특히 청년들이 신좌파를 매력적으로 보는데 이는 현재 젊은 세대가 문혁의 고난을 겪어보지 못했기 때문이다.

이어 신민족주의가 나왔다. 중국이 1840년 아편전쟁 이후 1949년 중화인민공화국 건국까지 겪은 100년의 굴욕을 강조하며 감정선을 건드린다.

이와 함께 문화보수주의가 떠오른다. 20세기 후반 탈냉전과 글로벌화 충격 속에 중국은 자신의 문화 정체성을 통해 글로벌화와 서방의 세속적 문명이 초래한 문제에서 벗어나려 한다. 이 시기 청말의 사상가 옌푸嚴復가 12자로 요약한 '새롭지 않으면 진보할 수 없고 오래된 것이 아니면 지킬 수 없다非新無以爲進 非舊無以爲守'라는 말이 새롭게 조명을 받는다. 문화보수주의 흐름 속에선 유학을 부흥시켜 이를 통해 중화민족정신을 다시 세우자는 움직임도 있다.

그리고 21세기 들어 마지막으로 등장한 게 민주사회주의다. 이들은 마르크스와 엥겔스가 말년에 제기한 '자본주의에서 폭력혁명을 거치지 않고 사회주의로의 과도를 실현할 수 있다'라는 이론에 주목한다. 중국 공산당의 집권당 지위를 유지하는 상황에서 민주화를 통해 사회주의 이상을 실현할 수 있다는 것이다. 셰타오謝韜 전 인민대학 부총장은 "민주사회주의만이 중국을 구할 수 있다"라고 말한다.

이 같은 여섯 가지 흐름 중 시진핑은 두 가지 사조엔 절대 반대한다. 서방의 민주와 인권을 말하는 자유주의와 민주화를 통해 사회주의를 이룰 수 있다는 민주사회주의에 대해서는 반대한다. 시진핑은 심지어 학자들까지 동원해 셰타오의 민주사회주의를 비판하는 데 열심이라고 한다.

시진핑은 그러나 신권위주의, 신좌파, 신민족주의, 문화보수주의 등 네 가지 사조의 영향은 많이 받은 것으로 보인다. 신권위주의의 권위주의적인 통제, 신좌파의 반反부패와 평균주의, 신민족주의의 중화민족 부흥, 문화보수주의의 전통 회귀는 시진핑이 펼치는 치국이정治國理政에 골고루 녹아있다. 그런 시진핑의 생각이 가장 잘 농축돼 드러나는 게 바로 중화민족의 위대한 부흥을 실현한다는 중국몽이다.

중국몽은 개인의 꿈이 아니다. 14억 중화민족의 꿈을 말한다. 여기서 시진핑 DNA의 여섯 번째 특질인 소아小我를 희생하고 대아大我를 완성하려는 집단주의를 읽을 수 있다.

커우젠원 대만국립정치대학 교수는 시진핑은 매우 강한 집단주의 신념을 갖고 있으며 시진핑이 집권 이후 부단히 강조하고 있는 중국몽은 바로 집단주의 지상의 정치신념을 반영한 것이라고 말한다. 이 같은 집단주의 가치관에 따라 시진핑은 지속적으로 당원 간부에게 당을 위해 봉사할 것을 강조하고 민중小我에겐 중국 공산당 및 국가나 사회大我가 설정한 목표를 위해 개인의 권익을 희생할 것을 요구한다는 것이다.

시진핑은 말한다. "세상에 지선지미至善至美의 사물은 없다. 한 사람의 능력은 유한하다. 인민 군중을 떠나, 영도집단을 떠나서 당신은 아무것도 할 수 없다."

시진핑의 집단주의는 그의 성장 과정을 통해 배양됐다. 그는 고위 관리 자제로서 홍색 귀족학교인 베이징 팔일 학교 재학 때 팀워크 정신을 내세우는 기숙학교 생활을 했다. 기숙 생활은 '집단 제일, 개인은 집단에 종속'하는 걸 강조하고 엄격한 군사화 관리를 하며 학생 간의 정감 연결을 중시한다.

가정교육도 한몫했다. 시중쉰은 학교에서 돌아온 아이들에게 늘 단결을 강조하며 집단주의 가치관을 불어넣었다.

시진핑은 훗날 '나는 황토의 아들'이란 글에서 "아버지가 말씀한 단결의 도리는 우리가 나중에 집단 환경에서 생활할 때 크게 체험할 수 있었다. 특히 상산하향上山下鄕으로 산베이陝北 먼 곳에서 친척도 없이 지낼 때 의지할 수 있었던 건 단결뿐이었다"라고 회고한 바 있다. 이 같은 집단주의 숭상은 문혁 시대를 살아낸 이들의 공통된 세대 특질이다. 또한 중국의 장구한 가치관이기도 하다.

장웨이웨이張維爲 상하이 푸단復旦대 중국연구원 원장은 "중국엔 국파가망國破家亡의 말이 있다"라고 말한다. 나라가 깨지면 집안도 망하고, 나라가 잘돼야 집안도 잘 된다는 것이다. 따라서 "중국몽은 국가의 꿈과 집안의 꿈의 결합"이라고 설명한다. '100년의 치욕'이 나라가 힘이 약해 생긴 결과로 이 때문에 국가가 망하고 중국인이 멸종될 위기를 맞지 않았냐는 것이다.

시진핑은 중국몽과 같은 집단의 목표를 실현하기 위해 타인이나 일부 인민의 희생은 정당하다고 본다. 그러나 과도한 소아 희생과 대아 완성은 쉽게 만회할 수 없는 손실을 초래한다. 대표적인 예가 제로 코로나 정책이다. 14억 중국 인민의 건강을 지킨다며 마구잡이 봉쇄가 가져온 후유증이 얼마나 컸나.

2022년 봄 상하이 두 달 봉쇄에 이어 늦가을 신장 아파트 단지에서 불이 났을 때 폐쇄한 문 때문에 집 밖으로 나가지 못하고 숨진 이들의 넋은 어떻게 위로할 건가. 급기야 이 때문에 백지白紙운동이 벌어지고 "공산당 물러가라" "시진핑 물러나라"와 같은 구호까지 터졌으니 말이다.

중국에서 근년 들어 벌어진 연예인이나 부자 때리기 또한 집단주의와 깊은 관련이 있다. 중국 연예인이 프랑스에서 포도주 장원을 사거나 부동산 재벌이 홍콩에 호화주택을 구매하는 따위 문제는 그 방법이 합법적이냐 아니냐는 사소한 것이다.

왕윈王韻 대만국립정치대학 교수는 "정작 중요한 문제는 당과 국가에 대한 봉사와 희생을 우선시하지 않고 개인주의와 영웅주의를 취한 게 용납될 수 없다"라고 말한다.

청소년에게 틱톡을 40분만 사용하게 한 것도 집단주의 논리에서 비롯된다. 청소년이 틱톡에 많은 시간을 쓰는 건 자신의 오락을 위해서이지 집단의 이익을 위해서가 아니기 때문이라는 거다. 개인의 인터넷 이용은 개인주의의 체현으로 집단주의에 반대하는 것과 같다는 논리다. 사실 이러한 집단주의 정신관은 마오쩌둥이 중국 공산당을 장악한 이후 계속 받들어온 사상이다. 이게 시진핑에게 대물림되고 있다.

시진핑은 중국의 집단주의 목표로 중국몽을 제시하며 개인의 끝없는 헌신을 요구 중이다.

習近平 探究

3부

시진핑은 어떻게 중국을 다스리나

1장

시진핑과 공산당, 누가 누굴 이용하나

"내가 미국에서 태어났더라면 미국 공산당에 가입하는 일은 없었을 것이다."

시진핑이 생전의 아베 신조安倍晋三 전 일본 총리에게 했다는 말이다. 2023년 2월 초 일본에서 출간된 아베 총리의 회고록에 나오는 이야기다. 아베는 2022년 여름 피격돼 숨졌다. 회고록은 그로부터 반년이 조금 지나 나왔는데 시진핑 주석에 대한 아베 전 총리의 예리한 관찰이 담겨 있다.

아베가 처음 시진핑을 만났을 때 시진핑은 마치 준비된 원고에 따라 말을 하는 것처럼 보였다고 한다. 그러나 시진핑 집권 2기에 두 번째 만났을 때는 원고도 없이 자신 있게 말하는 모습이었고 나름 사적인 대화도 나눴다. 시진핑은 이때 자신이 미국에서 태어났더라면 공산당에 들어가지 않고 "아마도 민주당이나

공화당 두 당 중에서 하나를 선택했을 것"이라고 밝혔다고 한다.

아베는 이 말을 토대로 시진핑이 결코 "사상이나 신조 때문에 중국 공산당에 가입한 건 아니다"라고 말했다. 오로지 "정치 권력을 장악하기 위해 중국 공산당에 가입했을 뿐"이라는 게 아베의 관찰이다. 공산당에 대한 시진핑의 신뢰는 높지 않으며 시진핑은 그저 공산당을 이용해 권력을 쥐려 한다는 것이다. 아베는 시진핑을 '강렬한 현실주의자'라고 봤다. 나는 이 같은 아베의 관찰에 100% 동의한다.

시진핑과 중국 공산당, 과연 누가 누구를 이용하나. 서로를 이용하고 있을 뿐이다. 시진핑은 이모부 웨이전우魏震五의 타이름으로 마음을 잡고 옌촨延川현에 내려가 기층 생활을 하면서 틈만 나면 입당 신청서를 냈다. 중국 공산당 일당 체제 아래에서 살아남고 또 출세하려면 입당해서 관리가 돼 권력을 장악하는 게 유일한 길이라고 믿었기 때문이다.

아버지 시중쉰이 반당 분자로 낙인이 찍힌 상황이라 좌절을 반복했으나 시진핑은 포기하지 않았다. 1972년 8월 열 번째 입당 신청서를 낸다. '100번 총살감'이란 말까지 들었으므로 고작 열 번 입당 신청서를 내는 건 일도 아니라는 배짱이었다. 결국 20세가 되는 1973년 입당이 허용되고 그해 겨울엔 옌촨현 량자허梁家河 대대의 당지부黨支部 서기가 되며 출세 가도를 달리기 시작한다. 중국 체제에서 공산당의 위상을 누구보다 더 잘 체득하고 있던 시진핑이 집권 이후 자신의 권력 강화를 위해 '당의 영도' 강화를 앞세운 건 자연스러운 일이다.

시진핑이 어떻게 당을 내세워 자신에게 권력을 집중시켰는지 과정을 살펴보자.

2012년 11월 15일 총서기가 된 시진핑은 얼마 후인 12월 광둥성 시찰에 나선다. 시진핑은 여기에서 1991년 붕괴한 "소련의 교훈을 잊지 말자"라고 외친다.

중국의 롤 모델인 소련은 왜 망했나. 소련은 공산당원이 20만 명일 때 정권을 장악했고, 200만 명일 때는 파시스트를 물리쳤는데 2,000만 명일 때 오히려 정권을 잃고 말았다. 시진핑은 "당원 비율로 따지면 소련이 우리를 초과하는 데 고르바초프의 소련 공산당 해산 선포에 누구 하나 나서서 항쟁한 이가 없었다"라고 탄식했다. 소련이 무너질 때 소련 공산당이 전체 국민의 이익을 대변한다고 생각하는 사람은 7%에 불과했다.

시진핑은 소련 붕괴의 원인으로 세 가지를 꼽았다. 첫 번째는 정치 부패가 만연했다. 두 번째는 이상과 신념이 흔들렸다. 세 번째는 당에 대한 군대의 충성을 잃어버렸다. 당내 지위 여하를 막론하고 만연한 부패와 당의 이념 동요, 그리고 당의 무력 장악 실패가 거대 소련의 멸망을 가져왔다는 주장이다.

그러면 중국은 어떻게 해야 하나. 당을 다시 다지고 다져 재건해야 한다. 당의 건설, 즉 당건黨建이 화두가 될 수밖에 없는 것이다.

시진핑의 주장은 당시 중국의 공감을 산다. 장쩌민과 후진타오 시기를 거치며 크게 두 가지 문제가 두드러졌기 때문이다.

첫 번째는 정책이 중난하이 바깥으로 나가지 못한다政令不出中南海는 점이다. 중앙정부의 권위가 떨어져 뭐라 지시해도 먹히지 않는 거다. '산은 높고 황제는 멀리 있다山高皇帝遠'라는 말처럼 총서기나 총리가 정책을 세우고 명령을 해도 듣지도 않고 따르지도 않는다.

두 번째 문제는 구룡치수九龍治水라는 말에 함축돼 있다. 아홉 마리의 용이 물을 다스리듯이 후진타오 집권 시기 중국은 9명의 정치국 상무위원이 함께 중국을 통치하는 상황이었다. 좋게 말하면 각기 전문성을 가진 지도자가 모여 집단지도체제를 구축한 뒤 서로 협의해 중국을 이끌어 나가는 것이다. 중국 학자 후안강胡鞍鋼은 이를 중국의 집단 대통령제라며 미국 대통령제보다 낫다는 주장까지 펼쳤다.

그러나 나쁘게 보면 중구난방 제멋대로 통치다. 대표적인 예로 저우융캉周永康 정치국 상무위원을 들 수 있다. 저우는 자신이 장악한 정법 분야에서 바늘 하나 물 한 방울 들어갈 수 없는針揷不

進 水瀉不進 독립 왕국을 구축하는 잘못을 저질렀다는 이야기를 듣는다. 왜 이런 일이 생겼나. 중공은 집권 이후 당黨과 정政의 이원 체제인데 두 시스템 간의 상대적인 강약에 따라 긴장과 충돌이 반복적으로 일어나게 마련이다.

마오쩌둥의 집권 세월은 당이 모든 걸 영도黨領導一切하는 시대였다. 당이 정을 영도하고 정은 당에 복종하며 당으로 정을 대신해 사실상 당과 정의 구분이 없는 당정불분黨政不分이 되는 것이다. 그러나 마오 치하의 폐해를 겪고 난 뒤인 1987년 13차 당 대회 때 자오쯔양은 당정분개黨政分開 개혁을 한다. 권력을 나누고 당 간부의 관료주의와 직무 종신제 등 특권을 타파하는 게 목적이었다.

권력을 나누니 중국 각 분야를 맡은 정치국 상무위원의 권력이 세지고 정무를 맡은 총리의 권한 역시 강화돼 총서기-총리 투톱 체제란 말이 나왔다. 후진타오 총서기-원자바오 총리 통치 시스템을 후원胡溫 체제라 부르고, 시진핑-리커창 시기를 '한때' 시리習李 체제라 일컫은 게 그런 예다. '한때'라 한 건 시진핑이 아주 빠르게 리커창을 무력화하고 독주 체제를 형성했기에 하는 말이다.

세상은 돌고 돈다. 시진핑은 자오쯔양의 당정분개 대신 당과 정이 융합하는 당정융합黨政融合의 시대를 만들고 있다. 여기서 융합은 대등한 관계가 아니다. 당이 국가와 정부를 전면적으로 통제하는 걸 말한다. 시진핑은 집권 이후 2012년에 처음 연 정치국 집단학습 때 "당이나 정부, 군대, 민간, 학계를 가리지 않고 또 동서남북과 가운데를 가리지 않고 당이 모든 걸 영도한다黨政軍民學 東西南北中 黨是領導一切的"라고 말했다.

시진핑의 치국治國은 당을 다스리는 것治黨에서 시작한다.

2013년 3월 시진핑은 BRICS브라질, 러시아, 인도, 중국, 남아공 국가의 미디어와 집단 인터뷰를 했다. 여기에서 시진핑은 "쇠를 두드리려면 먼저 자신부터 단련해야 한다打鐵還需自身硬"라고 말했다. 나라를 통치하기에 앞서 당부터 단단히 다져야 한다는 이야기다. 당부터 엄하게 다스리겠다는 종엄치당從嚴治黨의 말이 나오는 배경이다.

시진핑의 당 군기 잡기는 '위에서 아래로' 작전이다.

먼저 2012년 12월 초 중앙정치국 전체 동지에게 8가지 요구 사항이 전달된다. 이른바 당8조다. 회의 간소화, 출장 간소화 등인데 말처럼 간단하지 않다. 반년 후 이행 여부 점검을 위한 자아비판 대회를 개최하는데 여기서 시진핑과 왕치산 중앙기율검사위 서기는 '정치국 위원은 사형에 처하지 않고 정치국 상무위원에겐 죄를 묻지 않는入局不死 入常無罪' 규칙을 깬다.

이어 2013년 4월부터 시진핑은 전당을 향해 정풍운동의 깃발을 올린다. 형식주의, 관료주의, 향락주의, 사치의 4풍을 깨라면서 문혁을 연상시키는 구호를 외친다. 그리고 두 달 후엔 전체 인민을 겨냥한 군중 노선 바람을 일으킨다. 당풍黨風이 민풍民風을 결정하고, 민풍이 당풍에 영향을 준다는 것이다.

　시진핑은 말한다. 공산당만이 끊임없이 인민의 생활 수준을 높일 수 있고, 공산당만이 안정되고 통일적인 국가를 유지할 수 있으며, 공산당만이 중화민족의 위대한 부흥을 실현할 수 있다는 것이다. 이 같은 주장에 중국 내 누가 감히 토를 달 수 있겠나. 일찍이 덩샤오핑 또한 "중국과 같이 큰 나라는 공산당의 영도가 없으면 반드시 사분오열돼 하나도 되는 일이 없다"라고 하지 않았나.

　마침내 2018년 3월 헌법 개정 때 '중국 공산당 영도가 중국특색사회주의의 최고 본질적 특징'이라는 문구를 본문에 삽입한다. 1975년 헌법 개정 때 들어갔던 '당의 영도'가 1982년 헌법에선 서문에만 남고 본문에서는 빠졌다. 당시 100여 개 국가의 헌법을 살펴봤더니 특정 정당의 이름을 헌법에 넣는 경우가 거의 없었기 때문이다. 한데 이를 다시 살려낸 것으로 2018년 헌법 개정의 가장 중요한 의미라고 중국은 말한다.

　아울러 2018년 3월과 2023년 3월 열린 전국인민대표대회에서 잇따라 당과 국가기구를 상대로 한 당정기구 개혁을 단행하는데 핵심은 과거 국무원이 하던 일을 이젠 당이 맡게 하는 것이다. 세간에서 당은 강해지고 정은 약해졌다는 당강정약黨强政弱의 말이 나오는 배경이다. 시진핑 집권 1, 2기는 당의 절대 영도를 부단히 강화하는 10년 세월이었다.

시진핑이 당이 정을 이끄는 이당영정以黨領政의 시대를 만들고서 정계를 떠났다면 아마도 그는 역사에 아름다운 이름을 남겼을 수 있겠다. 시진핑 자신의 말처럼 '한 시대의 사람은 한 시대의 사명이 있어' 이완된 당권을 다시 강화한 지도자로 새겨졌을 테니 말이다. 그러나 시진핑의 행보는 여기서 그치지 않는다. 정부에서 당으로 권력을 집중시킨 뒤 이를 다시 자신에게 집중시키는 것이다.

시진핑은 2016년 당의 '핵심核心' 지위를 얻었다. '핵심'이란 정치국 상무위원 간 의견이 엇갈릴 때 자신의 말 한마디로 교통 정리할 수 있는 권위를 말한다. 덩샤오핑은 마오쩌둥이 1세대 영도 집단의 핵심이고, 자신은 2세대 핵심이며, 장쩌민이 3세대 핵심이라고 말한 바 있다. 후진타오는 집권 10년 내내 이 칭호를 얻지 못했다. 그러나 시진핑은 집권 1기 후반에 따냈다.

시진핑의 권력 집중은 이 정도로 만족하지 못한다. 최근 전당을 동원해 '두 개의 수호兩個維護' 운동을 펼치고 있다. 시진핑의 당 중앙 핵심 지위와 전당 핵심 지위, 당 중앙의 권위와 집중통일

영도 등 두 가지를 확실하게 지키자는 것이다. 이것도 모자라 중국 언론은 시진핑을 '인민의 영수領袖'로 띄우고 있다. 핵심은 당내 지위를 말하지만, 영수는 중국 인민 전체에서의 지위를 가리킨다. 개인 숭배나 우상화 우려가 있는 것이다.

학계 일각에선 당의 영도를 강화하는 과정에서 자연스럽게 시진핑 개인으로 권력이 집중된 측면이 있다고 말한다. 그러나 내가 보기엔 순서가 바뀌었다. 당의 영도강화는 시진핑이 자신의 절대 권력 구축을 위해 면밀하게 계산한 것으로 봐야 한다. 그런 야심이 없었다면 10년 집권한 뒤 물러났어야 한다. 애초에 퇴임을 생각하지 않았고 계속 집권의 마음이 있었기에 당의 영도강화를 정교하게 기획한 것이다.

시진핑은 중국 공산당 일당 체제 아래에서 성공하기 위해 공산당을 철저하게 이용하고 있을 뿐이다.

★ **2장**

시진핑의 권력엔
완성이 없다

"시진핑은 2012년 집권 이래 집단지도체제의 허울을 벗어 던지고 스스로 모든 주요 위원회를 총괄하는 '만물의 주석Chairman of Everything' 지위에 올랐다."

미국의 마이클 베클리 터프츠대학 교수와 할 브랜즈 존스홉킨스대학 교수가 2022년 함께 펴낸 책『중국은 어떻게 실패하는가 원제 Danger Zone: The Coming Conflict with China』에 나오는 구절이다.

'만물의 주석'이라는 말만큼 중국의 모든 권력을 한 손아귀에 틀어쥔 시진핑의 현재 위치를 잘 설명하는 말도 드물지 않을까 싶다. 중국 중앙당교 교수로 공산당 간부를 가르치다 미국으로 망명한 차이샤蔡霞 또한 "시진핑은 모든 문제에 있어서 마치 자신이 의장인 양 행동한다"라고 말한다. 거시적인 상황은 물론 세세한 사항에 이르기까지 모두 개입한다는 것이다. 그래서 '마이크로 매니저'이기도 하다는 것이다.

차이샤에 따르면 시진핑은 2014년 환경보호 문제와 관련해서만 무려 17번의 지시를 내렸다. 중국과 같은 광활한 대륙을 다스리려면 중앙의 지도자는 원칙적인 지시만 내린다. 지역마다 사정이 복잡해 일률적인 정책을 마련할 수 없기 때문이다. 이러한 유연성은 중국 경제 발전에 큰 역할을 했다. 지방 관리가 나름 재량권을 가지고 창의성을 발휘해 지역에 맞는 혁신을 이룰 수 있었다.

한데 시진핑은 자신의 지시가 한 글자도 틀리지 않게 관철되도록 요구한다. 차이샤에 따르면 2014년 한 현縣의 서기가 중앙이 내린 회의 간소화 등 8항 규정을 구체적으로 집행하는 과정에서 자신의 지역 특색에 맞게 예외를 두려고 했다. 외국 투자가를 접대할 일이 많아 연회 베풀 때 융통성을 가지려는 것이었다. 그러나 시진핑이 "당 중앙을 비판했다"라고 호되게 질책한 뒤 이 서기는 출당조치 됐다.

위대한 지도자에게 반기를 드는 사람은 바로 대중의 시야에서 사라지는 법이다. 시진핑에게 "어릿광대"라고 직격탄을 날렸던 홍이대 출신 부동산 재벌 런즈창任志强은 18년 형을 선고받고 복역 중이고, 시진핑에게 정책 수정을 요구하는 편지를 썼던 홍이대 출신 장군 류야저우劉亞洲는 사형선고를 받았다고 홍콩 언론은 전한다.

만기친람萬機親覽의 지도자 시진핑은 중국의 모든 일, 모든 사람을 과연 어떻게 장악한 걸까.

우선 소련이 망한 교훈을 새겨야 한다며 흩어진 권력을 당으로 모았다. 그리고 그 권력을 다시 개인인 자신에게 집중시켰다. 이를 위해 넘어야 할 산은 크게 두 개였다. 첫 번째는 살아있는 권력 리커창 총리와 그 배후인 공청단 파벌이었고, 두 번째는 꺼져가는 권력이지만 결코 무시하지 못할 장쩌민의 상하이방 원로 세력이었다.

중국에서 공산당 총서기는 흔히 엄한 아버지의 모습으로 다가온다. 큰일을 정하고 잘못하면 호된 꾸중도 내린다. 이때 기죽은 인민을 보듬는 건 어머니 같은 총리의 몫이다. 아버지의 추상같은 불호령을 막아줄 건 어머니의 인자하고 따뜻한 품밖엔 없는 것이다. 당黨과 정政이 보완적 역할을 하며 균형을 맞춘다. 그래서 중국 지도부는 '쌍두마차'라는 말을 들었다.

마오쩌둥 시기엔 저우언라이가 있어 문혁의 피해를 최소화하려 애를 썼다. 후야오방-자오쯔양은 후자오胡趙 체제라 불렸고, 장쩌민-주룽지朱鎔基는 장주江朱 체제라 일컬어졌다. 후진타오 집권 때는 원자바오 총리가 낡은 점퍼에 닳은 운동화를 신고 다니며 서민의 삶을 챙겼다. 후원胡溫 체제라는 말은 널리 쓰였다.

시진핑이 집권하자 나온 말이 시리習李 체제다. 아주 잠깐이었다. 리커창이 자신의 권력을 대부분 빼앗겼기 때문이다. 그것도 매우 빠르게 말이다. 중국은 오랫동안 총서기는 정치와 외교, 국방을 책임지고 총리는 경제와 민생을 살피는 분공分工 체제를 유지했다.

특히 1998년 장쩌민이 중앙재경영도소조의 조장 자리를 주룽지에게 맡긴 이후 총리가 국가 경제를 총괄했다. 1998년 김대중 전 대통령이 외환위기를 극복하기 위해 중국의 협조를 구할 때 장쩌민은 "그 문제는 경제 담당인 주룽지와 상의하는 게 좋다"라고 했을 정도다. 중국의 사실상 경제 대통령은 총리이기에 한·중·일 3국 정상회의에 총리가 중국의 정상 신분으로 참석하고, 또 중국 총리에 대한 의전을 정상에 맞춰서 했다. 그러나 철저한 권력 독점으로 '유일한 존엄'이 되고자 하는 시진핑으로선 이는 용납할 수 없는 체제다.

시진핑이 리커창과 공청단을 무력화시킨 과정을 보자.

2013년 말 중국을 찾은 영국 총리 데이비드 캐머런은 깜짝 놀랐다. 자신과의 만찬 상대가 리커창에서 시진핑으로 갑자기 바뀐 것이다. 이에 앞서 방중했던 제이컵 루 미 재무장관은 시진핑은 만났으나 리커창은 보지도 못했다. 유럽연합 고위층은 중국의 외국인 투자 승인 절차에 대한 브리핑을 시진핑으로부터 들었다. 사실 2013년 2분기부터 분기별 경제 동향 보고가 총리 직속인 국무원에서 시진핑의 당 정치국으로 이관된 상태였다.

시진핑 집권 1기 내내 나온 말이 중난하이의 남원南院과 북원北院 간 싸움이었다. 중난하이 남쪽의 남원에는 시진핑이 이끄는 당 중앙 건물이 자리하고, 북쪽엔 리커창의 국무원 건물이 위치했기에 나온 말이다. 경제정책과 노선에서 서로 위아래 이빨이 맞지 않으니 소리가 날 수밖에 없다는 건 비밀도 아니었다. 인민일보엔 시진핑의 동창인 류허劉鶴 부총리가 '권위 인사'란 필명으로 등장해 리커창 정책을 비판하기 일쑤였다.

시진핑이 당으로 모은 권력을 자신에게 집중시키고 라이벌 세력을 누르기 위해 활용한 게 바로 당내 각종 소조小組였다. 소조를 이용해 나라를 다스린다는 소조치국小組治國의 효시는 건국 전 마오쩌둥이 주도한 3인 군사영도 소조로 올라간다. 1958년엔 당 중앙이 재경과 정법, 외사, 과학, 문교의 5개 영도 소조를 만들어 소조 체제가 정식으로 중국의 정치생태계에 출현했다는 말을 낳았다. 마오쩌둥은 문혁 기간 중앙문혁 소조를 만들어 류사오치 등으로 넘어갔던 권력을 되찾기도 했다.

소조는 신비하다. 고정 사무실도 없고 확정된 인원 편제도 없으며 일상적인 업무를 하지도 않는다. 그러나 중대한 문제를 해결할 때는 조장이 이끄는 회의 형식으로 열리며 여러 부문이 협조하는 방식으로 정책을 결정한다. "평상시엔 종적을 찾을 수 없는데 큰일이 생기면 모습을 드러낸다尋常無踪迹 大事現眞身"라는 이야기를 듣는다.

소조는 이처럼 어떤 특정 문제를 해결하기 위해 임시로 꾸리는 성격이 강한데 시진핑은 집권 이후 각종 소조를 만들고 자신이 친히 조장을 맡았다. 2013년 말 중앙전면개혁 심화영도 소조를 설립하고 시진핑이 조장에 올랐는데 이 소조의 임무는 경제체제, 정치체제, 문화체제, 사회체제, 생태문명체제와 당의 건설제도5개 체제+1개 제도와 관련한 개혁의 중대 원칙과 방침, 총체 방안을 연구해 확정하는 것이었다. 이로써 총리 영역이던 경제와 환경 정책도 시진핑이 맡게 됐다.

시진핑은 또 중앙국가안전위원회, 중앙인터넷안전 및 정보화영도 소조, 군대개혁영도 소조 등 여러 위원회와 소조를 만들고 자신이 직접 수장에 올랐다. 권력을 여러 정치국 상무위원과 나누던 다룡치수多龍治水의 시대는 사라지고, 뭇 별이 오직 시진핑을 에워싸는 중성공월衆星拱月의 시대로 접어든 것이다.

2015년 1월 주목할 일이 생겼다. 중앙정치국 상무회의가 시진핑 주재로 개최돼 당 중앙이 전국인민대표대회全人大, 국무원, 정협, 최고인민법원, 최고인민검찰원 당조黨組의 보고를 받았다는 것이다. 국가의 5대 부서가 당 중앙에 보고하는 건 드문 일로 시진핑이 국무원 수장인 리커창 등의 보고를 받았다. 거의 대등한 위치에 있던 정치국 상무위원 간 위계가 리커창이 보고하고 시진핑이 보고받는 처지로 크게 바뀐 셈이다.

2017년 10월엔 '중앙정치국 전체가 매년 당 중앙과 총서기에게 서면으로 업무 보고를 해야 한다'라는 규정이 만들어졌다. 서열 2위 리커창 이하 모든 지도부가 1위 시진핑에게 업무를 보고하는 게 제도화된 것이다.

이로써 시진핑은 '유일한 존엄'으로서의 절대 권력을 구축했다. 리커창은 약세 총리로 전락해 그의 말은 더는 주목을 받지 않게 됐다. 양회 기간 백미로 꼽히던 총리의 내외신 기자회견도 빛을 잃었다.

시진핑은 리커창의 배후세력인 공청단도 박살을 냈다. 2015년 7월 시진핑은 공청단에 대해 "현장에서 아무 기능도 하지 못하는 사지四肢 마비 상태"라고 질책했다. 이어 왕치산의 중앙기율검사위가 감찰에 착수해 '귀족화, 기관화, 행정화, 오락화' 등 사화四化를 공청단의 죄목으로 발표했다. 예산은 반 토막 났고 인력은 축소됐으며 공청단 간부의 승진길이 막혔다. 지금은 애국주의를 부추기는 댓글이나 다는 조직으로 추락한 모양새다.

시진핑 1인 체제 확립의 두 번째 걸림돌인 원로 세력은 반부패를 앞세워 잠재웠다. 중국에 '롄잔戀棧'이라는 말이 있다. 말이 마구간에서 떨어지지 않으려 한다는 것으로 관직이나 직위에 연연하는 것을 뜻한다. 장쩌민이 그런 말을 들었다. 후진타오에게 깨끗이 권력을 물려주지 않고 중앙군사위 주석 자리를 2년 정도 더 지키고 있다 보니 흉한 말이 나온 것이다.

시진핑은 자신이 권좌에 오르는 데 도움을 준 장쩌민 등 원로 세력이 정치에 간섭할 수 없도록 원로의 자식들에 대해 집중적인 부패 조사를 벌였다. 불행하게도 여기서 자유로울 원로는 없었다. 모두 시진핑에 백기를 들었다. 물론 "사람이 떠나니 차는 식는구나人走茶凉" 정도의 불평은 했지만 말이다. 그리고 상하이방의 대부 장쩌민도 2022년 가을 눈을 감았다.

시진핑은 2022년 봄 심복인 리창李强을 총리에 앉혔다. 시진핑은 이제 거칠 게 없다. 그야말로 시진핑 천하가 열린 셈이다.

하지만 시진핑은 여기에 만족하지 않고 '만물의 주석'으로 모든 걸 챙기려 한다. 시진핑은 개혁엔 완성 시점이 없다고 한다. 완성을 위해 나아갈 뿐이라는 것이다.

권력도 마찬가지다. 권력의 완성이라는 건 없다. 아무리 권력을 확대해도 불안감은 사라지지 않는다. 두려움만 더 커질 뿐이다.

절대 권력을 추구하는 1인자의 숙명이다.

3장

중국인은 왜 들고
일어나지 못하나

"중국 공산당은 중국인을 가장 무서워한다."

도널드 트럼프 미 대통령 시절 국가안전보장회의NSC 부보좌관을 지낸 중국 전문가 매튜 포틴저가 2023년 2월 말 미·중 전략경쟁에 관한 특별위원회 국회 청문회에서 한 말이다.

'물은 배를 띄우기도 하지만 배를 뒤집기도 한다水則載舟 水則覆舟'라는 순자荀子의 말을 떠올리게 한다. 순하디순한 것 같은 중국 민심이지만 일단 화를 내면 그 누구도 막을 수 없는 것이다.

순자의 가르침을 거의 암기할 수준인 시진핑이 이를 모를 리 없다. 나라를 다스림에 있어 가장 신경 쓰는 게 민심의 안정이다. 중국 지도자는 불안과 혼란을 가장 두려워한다. 모든 위기의 싹이 되기 때문이다. 중국의 전통 또한 농경 문화의 영향을 받아 안정을 추구하는 소농의식小農意識이 강하다. 농사를 잘 지으려면 때맞춰 비료도 주고 물도 주며 잡초도 뽑아야 한다. 집을 오래 비워선 할 수 없는 일이다.

스위즈石毓智 싱가포르국립대 교수는 중국인이 안정을 추구하는 데는 효도도 관련이 있다고 한다. '부모가 살아 계시면 먼 곳으로 가지 않는다'라는 생각이 중국인의 머릿속에 있다. 안정 추구의 사고는 국가방어에서도 드러난다. 만리장성이 그 예다. '나도 넘어가지 않을 테니 너도 넘어오지 마라. 각자 평안하게 살자'라는 뜻이 담겼다는 것이다.

중국인이 안전을 지키는 가장 효과적인 방법은 경계심이다. '일만一萬이 두려운 게 아니라 만일萬一이 두렵다'라는 말이 있다. 이 말은 예방과 경계심의 중요성을 일깨운다. 이런 논리가 정치 투쟁으로 이어지면 피가 튀고 목숨이 오가게 된다. 과거 중국 국민당은 공산당원만 보면 바로 잡아서 죽였다. 당시 국민당의 구호가 "무고한 1만 명을 죽이더라도 결코 단 한 명의 공산당 분자를 놓치지 않겠다"라는 것이었다.

시진핑으로선 자신과 공산당의 권력 유지를 위해 중국 사회의 안정이 무엇보다 필요하다. 안정을 어떻게 이룰 건가.

왕원王韻 대만국립정치대학 교수는 시진핑의 사회관리 방식이 마오쩌둥의 '역량을 집중해 큰일을 해내는' 거국체제舉國體制의 전통을 계승하고 있다고 분석한다. 거국체제란 국가가 설정

한 목표를 달성하기 위해 국가가 전국의 자원을 동원하고 국민
은 이에 협조하는 체제를 말한다.

왕원은 거국체제 주장의 배후엔 식물학에서 말하는 '정아우세
頂芽優勢'의 논리가 깔려 있다고 설명한다. 정아우세란 가지 끝에
생기는 눈인 정아頂芽가 줄기 옆쪽에 생기는 눈인 측아側芽보다
우세하다는 말이다. 해바라기는 선천적으로 곁눈의 수를 줄여
자양분이 곁눈보다는 맨 위의 정아에 도달하게 한다. 생존의 확
률을 높이기 위한 책략인 셈이다.

시진핑의 중국 사회관리가 바로 이 정아우세의 논리를 차용하
고 있다. 국가는 목표를 정하고 권력과 자원을 선택된 소수頂芽에
몰아준다. 수많은 민중側芽은 그저 전체 국면을 이해해 자기의 권
익을 희생함으로써 당과 국가의 위대한 사업이 이뤄질 수 있도
록 도와야만 한다.

문제는 정아와 측아를 누가 어떻게 정하는가 하는 점이다. 또
측아 가능성이 큰 민중의 희생이 너무 크다는 점도 큰 문제다.

코로나19 사태가 터졌을 때 전격적으로 단행된 우한武漢 봉쇄
를 보면 이해가 간다. 여기엔 14억 전체 중국 인민의 안전을 위
해 우한 시민 2,000만 정도는 희생될 수도 있다는 무서운 계산이
깔려있다. 마오쩌둥의 "허리띠 졸라매고 양탄兩彈, 원자폭탄과 수소폭
탄을 개발하자"라는 구호도 정아우세의 거국체제 논리다. 시진핑
시대는 신新거국체제라 하는데 '신'이 갖는 의미는 더 큰 봉사와

희생을 요구한다는 점이다.

이쯤 되면 촛불혁명에 익숙한 우리가 갖게 되는 의문이 있다. 중국인은 왜 들고 일어나지 못하나. 우스갯소리로 '중국인은 불이익은 못 참아도 불의는 참기' 때문인가. 그건 아니다.

궐기를 외친 사람이 없는 건 아니다. 2017년 7월 중국의 저명 사회학자인 리인허李銀河 중국 사회과학원 교수는 중국판 트위터인 웨이보微博에 "모든 국민이 떨쳐 일어나 헌법을 위배하는 언론 검열을 없애자"라는 격문을 날리기도 했다.

그러나 메아리 없는 외침이 됐을 뿐이다. 중국 당국의 철저한 사회 통제, 언론 통제 탓이다. 중국은 사회안전維穩을 유지하기 위해 아낌없이 돈을 쓴다. 2009년부터는 내부 안전을 위한 비용이 외부의 적을 막기 위한 국방비보다 많아졌고, 해마다 그 비용이 증가하는 추세다. 2020년에는 무려 2,100억 달러약 278조 원에 이르렀다. 그해 국방비보다 약 7%가 많았다.

2010년 10월 인민일보에 유명 평론가 리핑李平의 글이 올랐다. '언론출판의 자유를 어떻게 봐야 하는가'라는 글에서 "어떤 법치 국가도 언론이 국가안보와 사회안정을 위협하면 법률에 따라 처벌한다"라고 주장했다. 문제는 중국의 입법권이 당에 의해 독점된 상황으로 중국의 법률이 일찍이 통치 집단의 사리를 추구하는 수단으로 전락했다는 점이다. 그런 법률로 언론의 자유를 재단하는 건 옳지 않다.

이로부터 얼마 후인 2010년 11월 초엔 당 이론지 구시求是에 자오창趙强이 쓴 '언론통제의 실패-구소련 해체의 촉매제'라는 글이 실렸다. 자오창은 "고르바초프의 언론개혁은 소련이 수십 년에 걸쳐 구축한 사회주의 사상의 방위선을 몇 년이 안 되는 짧은 시간에 안에서부터 뒤흔들었다"라며 구소련의 언론개혁에서 정권 상실에 이르는 과정을 다음과 같이 요약했다.

'언론개혁→언론 개방→외부세력 개입→음성적인 측면 폭로→대중의 불만 누적→통제력 부재→언론통제 실패→정권 상실과 국가 붕괴'.

구소련은 언론개혁에서부터 무너지기 시작했다는 이야기다. 자오창은 따라서 "구소련의 전철을 밟지 않는다면 중국은 같은 일을 겪지 않을 수 있다"라고 주장했다.

리펑과 자오창의 두 글은 시진핑의 중국 공산당과 정부가 언론 자유에 대해 갖는 가장 기본적인 입장을 대변하는 것으로 알려진다.

언론의 자유는 자기 생각을 말할 수 있는 자유인데 시진핑은 집권 초인 2013년 4월 이른바 '9호 문건'을 하달해 언론이나 연구기관은 앞으로 이데올로기 영역에서 다음의 7가지 사항을 말해서는 안 된다고 지시한다.

속칭 '7불강不講'으로 1 서방의 헌정 민주 2 보편적인 가치 3 공민 사회 4 신자유주의 5 서방의 언론관 6 역사 허무주의 7 개혁개방에 대한 의구심 표명 등이다.

마오쩌둥은 일찍이 "사람들에게 말을 허許하라. 하늘이 무너지지 않는다. 자신도 무너지지 않는다. 그런데 사람들에게 말을 못 하게 하면 언젠가는 무너지는 날을 피할 수 없다"라고 말했다.

한데 시진핑 시기의 특색은 우선 말을 못 하게 하는 것이다. 시진핑은 2014년 선전 부문 종사자에게 "나라를 지키는데 책임을 가지라守土有責"라고 요구했다. 언론의 개방이 망국의 화를 부를까 걱정하는 것이다.

시진핑은 2016년 2월엔 아예 중국 언론에 성씨姓氏를 부여했다. 신화통신사, 인민일보, CCTV 등을 시찰한 뒤 "당과 관영 언론의 성씨는 당黨이어야 한다"라고 말한 것이다. '중국 매체의 성은 당媒體姓黨'이라는 말이 나돌게 된 배경이다.

이후 중국 언론의 사회 감독 역할은 거의 사라졌다. 오로지 시진핑의 '말씀'을 어떻게 더 인민의 마음에 효과적으로 각인시킬 수 있을까에 온 정신을 쏟고 있는 게 중국 미디어의 현주소다.

학계의 이견異見 또한 허용되지 않는다. 2014년 중국사회과학원 기율검사조 조장 장잉웨이張英偉는 사회과학원 안에 4개의 문제가 있다고 했다.

첫째, 학술이라는 눈에 보이지 않는 옷을 입고 연막을 제조한다. 둘째, 인터넷을 이용해 국경을 넘나들며 해괴한 이론을 퍼뜨린다. 셋째, 민감한 시기마다 불법적인 내통 활동을 한다. 넷째, 국외 세력의 점대점点對点 침투를 받아들인다.

장잉웨이는 '마치 자기 마음에 귀신이 있는 건 모르고 바깥 여러 곳에 귀신이 있다고 생각하는 것과 같다'라는 비난을 받긴 했지만, 이후 중국 학계의 자유로운 사고와 국외 활동 등은 종지부를 찍게 됐다.

샤예량夏業良 베이징대 교수는 당 선전부에 검열 폐지를 요구하는 공개서한을 보냈다가 학술의 자유를 잃었고, 쑨원광孫文廣 전 산둥대 교수는 집에서 '미국의소리VOA'와 전화 인터뷰를 하던 도중 문을 부수고 들어온 공안公安에 의해 끌려 나갔다.

현재 중국 학계와의 교류는 큰 의미가 없어진 상태다. 중국 당국의 의중을 학자 나름대로 포장해 전달할 수 있을 뿐 자신의 학문적 양심에 기초해 의견을 낼 수 없기 때문이다.

언론과 학계를 침묵시킨 데 이어 2015년 7월 9일엔 중국의 행동하는 양심인 인권 변호사와 운동가에 대한 대대적인 검거 작전이 있었다. 이른바 '709 사건'으로 불리는데 300여 명이 붙들려 가면서 중국 사회 내 지식인의 목소리는 거의 다 사라졌다.

그래도 감시의 끈을 놓치지 않는다. 2013년 가을 인터넷 비방

죄가 생겼다. 인터넷으로 타인을 비방한 내용이 5,000클릭이 넘거나 500회 이상 전달되면 처벌하는 법이다. 이것을 시작으로 국가기밀 누설 시 처벌하는 법, 국가안보 등을 이유로 인터넷에 대한 통제를 강화하는 사이버 보안법 등이 시행되고 있다. 2018년부터는 휴대폰도 불심 검문할 수 있게 만들어 '14억 총감시 시대'를 열었다는 말이 나왔다.

미국으로 망명한 차이샤蔡霞 전 중앙당교 교수는 "시진핑이 블로거들과 온라인 활동가들을 탄압하고 반대 목소리를 검열하며 중국의 '인터넷 만리장성'을 강화하고 외국 웹사이트에 대한 접근을 제한했다"라며 "그 결과 새롭게 태어나고 있던 중국의 시민사회가 죽어버렸고, 시진핑을 견제할 여론이 사라졌다"라고 말한다.

시진핑이 철저하고 완벽하게 중국 사회를 장악하는 바람에 중국 인민이 들고일어날 여지가 완전히 없어진 것처럼 보인다.

그러나 과연 그럴까. 중국 후난성의 한 언론이 특집 기사에서 이런 글을 쓴 적이 있다.

'중국의 근대사는 담을 쌓는 자에게 담을 넘는 자가 대항하는 역사다. 담을 쌓는 이가 마음속에 악마의 담을 한 척尺 높이면 담을 넘는 자의 월담 능력은 한 장丈이 더 커진다.'

규제가 많아지고 높아질수록 이를 깨부술 능력 또한 커진다는 것이다. 2022년 연말 갑작스레 터진 중국의 백지 시위가 바로 살아있는 증거라 할 수 있겠다.

'천망회회 소이불루天網恢恢 疎而不漏'란 말이 있다. 하늘의 그물은 넓고 넓어서 성긴 듯하나 어느 하나 놓치는 게 없다는 뜻이다. 시진핑의 중국 사회장악이 노리는 바일 것이다.

그러나 '하늘이 무너져도 솟아날 구멍은 있다天崩牛出'라든가 '하늘은 절대로 사람의 길을 끝장나게 하지 않는다天無絶人之路'라는 말도 있다.

중국 인민을 질식시킬 것 같은 시진핑 시대의 사회 통제 또한 언젠가는 틈이 벌어지고 균열이 생길 것이다.

★ **4장**

애국을 머리에
쏟아붓는다

2022년 가을의 일이다. 중국의 한 대학이 온라인 강좌를 열었다. 아직 제로 코로나 정책을 고수하고 있던 때로 한국 교수를 특강 강사로 초청했다. 한·중 관계에 대한 강연이 한창일 때 중국 학생이 민감한 질문을 던졌다. 단오절의 기원과 사드THAAD 배치 문제 등이었다. "사드 배치는 한국의 정상적인 군사 조치였다"라는 한국 교수의 답이 나오자 마치 기다렸다는 듯이 중국 학생의 욕설이 터졌다. 강좌는 파행으로 끝이 났다.

중국 인터넷 공간엔 이 학생의 행동을 지극히 애국적인 것으로 평가하는 글이 떠돈다. 한국 교수에 대한 입에 담기 어려운 욕설은 '특수한 방식으로 안부를 전한 것'으로 표현하고 있다. 기가 막힐 일이지만, 최근 중국 학교 내 분위기를 보면 그리 놀랄 일만도 아니다. 학생이 교사의 '잘못?'을 꾸짖는 풍경을 심심치 않게 볼 수 있기 때문이다.

2023년 2월엔 중국 안후이安徽성 허페이合肥에서 벌어진 일이 중국 공산당 기관지인 인민일보人民日報에 실렸다. 유명 연사인 천훙유陳宏友 허페이사범학원 교수가 루장廬江 중학교에서 강연 도중 연단으로 뛰어든 학생에게 마이크를 뺏기는 봉변을 당했다. "공부를 하는 건 돈을 벌기 위해서다", "외국인과의 사이에 아이를 낳으면 더 강한 유전자를 가질 수 있다" 등의 말을 한 게 문제였다.

천 교수는 학생으로부터 "외국을 맹목적으로 숭배한다. 우리가 열심히 공부하는 건 중화민족의 위대한 부흥을 실현하기 위한 것"이란 훈계를 들었다. 현장에 있던 학생들이 "옳소" 소리와 함께 박수로 호응한 건 물론이다. 천 교수는 "파워포인트가 작동되지 않아 어수선한 분위기에서 가볍게 농담을 했던 것"이라고 해명하면서도 "집에서 반성하고 있다"라며 몸을 낮췄다.

2020년 11월엔 중국 하얼빈공대의 기숙사 사감이 추수 감사절을 맞아 학생들에게 사탕을 돌리겠다고 했다가 학생의 공격을 받았다. "서방의 명절을 선전하는 게 기숙사 관리에 해당하느냐"는 핀잔과 함께 "중지하지 않으면 학교 관련 부문에 신고하겠다"라는 협박을 당했다. 가벼운 마음으로 사탕을 나누려던 사감은 서양 종교를 숭배한다는 말까지 들으며 큰 곤욕을 치러야 했다.

근년 들어 중국 학내에서 자주 보이는 이 같은 일엔 세 가지 공통점이 있다.

첫 번째, 학생은 애국주의로 무장해 있다. 두 번째, 학생이 교사나 교수 등 스승을 공격한다. 세 번째, 학생의 선생 공격 사건은 동료 학생의 지지와 환호 속에 온라인 공간으로 퍼져나간다.

어쩨 데자뷔 느낌이 들지 않나. 문화혁명 시기 스승 살해까지 서슴지 않았던 홍위병의 광기가 반세기를 넘어 부활하고 있는 게 아닌가 하는 생각을 떨치기 어렵다.

홍위병은 1966년 5월 칭화淸華대학교 부속중학교 학생들에 의해 만들어졌다. 이들은 제2차 세계대전 때 소련의 청년 근위군과 같은 조직을 만들기로 하고 '마오쩌둥 주석을 보위하는 붉은색의 보위병'이라는 뜻에서 홍위병이라는 이름을 지었다. 마오는 홍위병을 '착한 아이들好孩子'이라고 불렀다. 자신의 말을 잘 듣는 착한 아이들이라는 뜻이다. 마오는 청소년이 일정한 지식이 있고 적극적이면서도 보수적이지 않아 문혁을 담당하기에 가장 적합하다고 봤다.

마오는 1966년 7월 홍위병이 쓴 대자보를 지지하는 편지를 보낸다. 이어 8월엔 인민일보가 "누구든 혁명 학생의 행동을 반대하는 건 마오 주석의 지도를 위반하는 것"이란 사설을 썼다. 마오와 당의 지지 아래 우후죽순처럼 일어선 수많은 홍위병 조직은 이후 중국 전역을 누비며 온갖 만행을 저지르게 된다.

그 폐해는 이루 말할 수 없다. 가장 큰 해악은 인간의 본성 파괴에 있다. 아들이 아비를 때리고 제자가 스승을 욕보이는 등 사람으로선 감내하기 어려운 하극상의 행위가 만연했다. 당성黨性으로 인성人性을 짓밟았다. 이 모두 마오가 학생들을 부추긴 결과다. 마오는 '모든 반항엔 나름대로 이유가 있다造反有理'라는 구호를 내세워 학생들의 폭력을 정당화하고 합리화했다.

그런 악몽 같은 홍위병의 그림자를 21세기에 다시 목도하고 있다. 홍위병이 정식 해산된 건 1978년이지만 중국 인민은 아직도 그 트라우마에서 벗어나지 못한 상태다. 대표적인 예가 천안문 성루에 걸린 마오쩌둥의 초상화다. 문혁 이전까지 마오의 초상화는 당국의 표준상 기준에 따라 측면 상이 걸렸다. 한데 매년 초상화를 그리던 왕궈둥王國棟 화백이 문혁 때 홍위병에게 죽도록 얻어맞는 사건이 발생했다.

"마오 주석의 한쪽 귀만 그려 마오 주석이 한쪽 말만 듣고 한쪽 편만 들게 한다. 이는 화가에게 문제가 있기 때문"이라는 게 당시 홍위병의 구타 이유였다. 이후 천안문 성루엔 두 귀가 다 보이는 마오의 정면 초상화가 오르게 됐다. 문혁이 끝난 지 한참 지났지만, 그 어떤 화백도 측면 상을 고집하지 않는다. 문혁의 광기가 또 언제 중국을 강타할지 모른다는 두려움 때문이다.

그런 걱정이 기우만은 아니다. 1990년대 중국엔 '분노청년憤靑'이 등장했다. 일본 이시하라 신타로의 『NO라고 말할 수 있는 일본』이란 책을 모방해 1996년 중국에선 『중국은 NO라고 말할 수 있다中國可以說不』라는 책이 나왔다. 중국이 이젠 미국에 NO라고 말할 수 있을 만큼 힘이 세졌다는 게 주요 내용이다. 강한 애국심과 극단적인 대국 심리로 무장한 이들을 사람들은 '분청'이라 불렀다.

분노청년은 "중국 사상의 세례를 받지 않은 나라가 없고 중국의 덕을 안 본 나라가 없으니 중국이 세계를 이끌어야 한다"라고 주장한다. 또 강경한 외교정책과 전쟁을 통한 세계제패를 외치기도 한다. 주로 인터넷에서 극단적인 분노를 표출하는 과격 집단으로 중국 국내의 자유주의자와 서방 국가 등을 타깃으로 한다. '머리는 없고 종일 반미反美만 생각하는 병적인 민족주의자'라는 비난도 일부 있으나 중국 내 큰 흐름을 이뤘다.

중국 당국이 1989년 천안문 사태를 겪고 난 뒤 강화한 애국주의 교육의 소산이었기 때문이다. 당시 중국 원로는 "요즘 젊은이들이 공산당에 대한 충성심이 부족해 천안문 사건이 발생했다"라고 봤다.

그러자 당시 장쩌민 총서기는 중국 공산당의 역할을 항일 전쟁에서 찾는 캠페인을 벌이기로 한다. 중국 전역의 200여 항일전쟁기념관을 애국주의 교육의 기지로 선정하고 대대적인 애국주의 교육에 나섰다. 이게 분노청년 등장의 토양이다.

　2011년엔 중국에 '스스로 비상식량을 휴대한 우마오自帶干糧的五毛, 약칭 自干五'가 출현한다. 우마오당五毛黨은 중국 돈 우마오五毛·5위안·약 900원를 받고 공산당이나 정부를 옹호하고 찬양하는 댓글을 다는 이들을 일컫는다. 그러나 자간오自干五는 스스로 식량을 갖췄기에 돈을 받지 않는다는 걸 강조한다. 주로 중국 정부 관리와 그 가족들로 인터넷에서 자유주의자들과의 싸움에 나선다.

　중요한 건 2014년 10월 시진핑이 문예공작 좌담회에서 유명 자간오인 저우샤오핑周小平 등을 만나 긍정적인 힘을 발휘해 달라고 격려한 것이다. 자유파 지식인이 급격히 몰락하기 시작한 건 불문가지다. 2016년이 되면 자유파는 거의 없어지고 자유파를 때리던 자간오 역시 싸울 대상이 없어지자 존재 의미가 사라지게 된다.

　이즈음 등장하는 게 중국의 강력한 인터넷 애국 집단인 소분홍小粉紅이다. 소小는 어리다, 분粉은 여성, 홍紅은 붉은 마음으로 당과 국가, 지도자를 사랑한다는 뜻이다.

　김인희 동북아역사재단 한중관계사연구소 소장에 따르면 소분홍의 핵심은 크게 두 그룹이다.

하나는 원래 K팝 팬 출신이다. 처음 등장한 건 진장문학성晉江文學城 사이트로 홈페이지 색깔이 분홍색이라 소분홍으로 불렀다고 한다. 이 사이트엔 한국과 일본에 유학한 여성이 대부분이었는데 언제부터인가 정치적 발언이 많아졌다. 그리고 진장우국소녀단晉江憂國少女團이 출범해 중국 인터넷 공간에서 대대적인 애국 활동을 펼친다. 오빠와 조국 중 하나를 선택해야 하는 상황에서 '국가 앞에 아이돌 없다', '국가가 진정한 아이돌'이라는 구호가 나오며 팬덤 민족주의가 등장한 것이다.

소분홍의 다른 한 그룹은 중국 정부가 2015년에 조직한 친정부 인터넷 부대인 '청년인터넷문명지원자'다. 중국 공산주의청년단共靑團은 2014년 11월 '깨끗한 인터넷, 청년의 힘'을 발표하고 약 100만 명에 이르는 청년지원자를 조직한다. 청년의 깨끗한 목소리로 사이버 공간을 정화하겠다는 것이다.

대만의 정치 평론가 바이신白信은 시진핑 시기의 소분홍이 블라디미르 푸틴 대통령의 러시아 정부가 만든 청소년 조직인 '나쉬Nash, 우리들'를 따라 했다고 말한다. 마치 마오 시기의 홍위병이 소련의 청년 근위군을 모방했듯이 말이다.

러시아는 2005년부터 2013년까지 반反푸틴 세력을 진압하기 위해 나쉬를 조직했다. 이들은 러시아의 관방 보도를 지지하고 서양 자본의 탐욕과 부패를 척결하며 국내 관료의 통치에 복종하고 국내 정치체제를 찬양할 것을 주장했다. 마찬가지로 소분홍은 건강한 인터넷 환경을 만들겠다며 홍색 유전자 전승 등 애국주의 내용을 인터넷에 올리고 중국의 마음에 들지 않는 국가를 공격하는 데 열심이다.

문제는 한국이 소분홍의 주요 타깃이 되고 있다는 점이다. 김인희 소장은 인터넷 테러를 성전聖戰으로 생각하는 소분홍이 2016년 이후 가장 많이 공격한 나라가 한국이라고 말한다. 외국에 대한 14차례의 공격 중 한국이 5회로 가장 많았다. 특히 소분홍의 출정 때 관건이 되는 시기마다 공청단이 개입하고 있어 일부 중국 네티즌의 일탈로 볼 수 없다는 데 문제의 심각성이 있다고 한다.

분노청년이나 소분홍의 행위는 사이버 공간에서 이뤄진다. 그런데 시진핑 시기 들어 변화가 일어나고 있다. 바로 교실 내 교수에게 막말 직격탄을 날리는 것처럼 행동으로 옮기고 있다. 중국의 애국주의 교육이 "머리로만 생각하지 말고 직접 실천하라"라고 요구하고 있기 때문이다.

2018년 중국 쑤저우蘇州에서 열린 한 마라톤 대회에서 중국의 허인리何引麗는 에티오피아 선수와 접전을 벌이고 있었다. 그런데 결승선을 불과 500여m 앞두고 중국의 자원봉사자가 불쑥 튀어나와 허인리에게 중국 국기인 오성홍기五星紅旗를 건네주려고 했다. 실패하자 결승 100m를 남긴 지점에서 또 다른 자원봉사자가 뛰쳐나와 기어코 오성홍기를 전했다. 허인리는 곧 비에 젖은 국기를 떨어뜨렸고 5초 차로 2위에 머물렀다. 이는 1~3위 입상자의 손에 어떻게든 국기를 들게 하려 했던 중국의 빗나간 애국주의를 보여주는 한 모습이다.

중국은 공산당 정권의 몰락을 막기 위해 기존 사회주의를 대체할 새로운 이데올로기로 애국주의를 택했다. 그리고 국가 사랑은 곧 공산당 사랑이라고 가르친다. 중국은 애국주의 교육을 어릴 때부터 시작해야 한다며 관수법灌水法을 수단으로 쓰고 있다. '애국을 머리에 붓는 것'이다. 신문이나 도서를 이용한 문자 관수, 강연이나 좌담회를 활용하는 언어 관수, 영화나 드라마의 이미지 관수 등 다양하다.

마오쩌둥은 류사오치 등 당권파로부터 권력을 빼앗아 오기 위해 홍위병을 이용했다. 홍위병은 '혁명 무죄'를 외쳤다. 시진핑의 소분홍은 공산당으로 향하는 인민의 분노를 외국으로 돌리기 위한 측면이 크다. 소분홍은 '애국 무죄'라고 소리친다. 중국에 맞서는 모든 나라를 타도하고 중국 중심의 세계질서를 만들겠다고 한다. 이런 애국주의로 시진핑은 자신의 집권 정통성을 강화하고 있다. 마오의 착한 아이들 홍위병이 시진핑의 착한 아이들인 소분홍으로 진화한 셈이다.

★ ⁚ **5장**

중국의 하늘에도 신은
존재하는가

중국은 예로부터 스스로 신주神州라 칭했다. 곳곳에 신령이 존
재하는 국가라는 의미다. 그로부터 2,000여 년이 흘러 21세기를
맞았다. 과연 종교의 소멸을 추구하는 사회주의 국가 중국의 하
늘에도 아직 신이 존재하는 걸까.

10여 년 전엔 분명히 존재한 것처럼 보였다. 2010년 12월 중
국 산시陝西성 시안西安의 성당에서 한 수녀의 개인 전시회가 열
렸다. 흔치 않은 행사로 관심을 모았다. 저우리핑周麗萍 수녀는 여
러 성화를 전시했고, 이 중 '만리장성에 선 예수'가 대표작으로
평가받았다. 중국의 상징인 만리장성에 강림한 예수의 모습에서
사회주의 국가답지 않게 후끈한 종교의 열기를 느낄 수 있었다.

그러나 오래가지 못했다. 시진핑 집권 이후 분위기가 싹 바뀐
것이다. 중국인의 영혼 장악을 위해 당이 종교보다 앞서 달리는

모양새다.

2019년 베이징엔 외국인을 상대로 중국 문화강좌를 하는 센터가 있었다. 수강료가 꽤 비쌌고 오전에 수업이 진행돼 유학생이나 직장이 있는 외국인은 참석하기 어려웠다. 그래도 적지 않은 수의 외국인이 모여 센터는 늘 성업이었다. 재미있는 건 외국인 수강생끼리 중국에 온 목적에 대해서는 말하지 않는다는 점이었다. 수업에도 그리 큰 관심이 있는 것 같지도 않은데 매 학기 열심히 센터에 등록했다. 왜?

중국 체류가 가능한 비자를 받기 위해서였다. 이 말은 이들이 정상적으론 비자를 받을 수 없었다는 얘기다. 외국인 대부분은 성직자였다. 문화센터가 수업료를 비싸게 받는 대신 눈 질끈 감고 학생 비자를 받아준 것이다. '문제 삼으면 문제가 되지만 문제 삼지 않으면 문제가 되지 않는' 중국 상황을 십분 활용했다.

그러나 2020년이 되면서 센터는 이 강좌를 폐지했다. 중국 당국이 문제 삼기 시작한 것이다. 외국인 성직자 모두 중국을 떠났다. '만리장성에 선 예수'도 2020년 이후에는 중국을 떠난 게 아닌가 생각한다.

원래 중국은 종교에 관대한 국가였다. 유럽과 달리 정치와 종교가 일찍이 분리됐다. 하늘의 계시를 받아 정치하는 신권적 사고는 이미 주周나라 때 깨졌다. 이후 중국은 외래 종교에 관대하고, 한 사람이 여러 종교를 믿을 수도 있어 교권教權 집중화 현상이 나타나지도 않았다.

그러나 중화인민공화국의 탄생은 중국의 영혼에 큰 충격이었다. 사회주의가 종교의 궁극적 소멸을 추구하기 때문이다. 마르크스는 "종교는 인민의 아편"이라고 했으나 종교와의 투쟁을 말하지는 않았다. 그러나 레닌은 "종교는 자산계급이 노동계급을 마취하는 기구"라고 비판하며 종교 소멸론을 주장했다. 이에 따라 중국 내 종교는 정치의 필요성에 따라 사망과 부활을 반복하는 호된 시련을 겪고 있다.

건국의 주역 마오쩌둥은 종교를 믿고 안 믿고는 각자의 자유라고 봤다. 종교는 정신세계의 문제로 정치문제와 성질이 다르다는 거다. 중국의 철학자이자 종교학자 팡리톈方立天은 "마오쩌둥은 생전 여러 차례 '종교는 문화'라고 말한 바 있다"라고 말한다.

중국 헌법에 나타나는 중국 종교정책을 연구한 한국의 신명 박사에 따르면 건국 초기 종교정책을 구체적으로 지도한 사람은 저우언라이 총리였다.

저우는 종교를 가혹하게 억압한 소련의 종교정책이 무수한 순교자와 국민적 저항만 낳는 걸 보고 온건한 종교정책을 추구했다. 그러나 반反제국주의와 애국주의를 요구하며 종교의 외투를 입은 반혁명세력은 허용하지 않는다는 입장을 분명히 했다. 이후 오랫동안 중국 공산당은 종교오성론宗教五性論에 따라 종교를 관리했다. 종교는 '장기성, 군중성, 민족성, 국제성, 복잡성'의 다섯 가지 특징을 갖는다며 신중한 접근 방식을 택했다.

하지만 1950년대 말 대약진 시기부터 1960~70년대를 휩쓴 문혁의 혼란 기간 중국의 종교는 철저하게 부서진다. 기독교 신자가 많아 '중국의 예루살렘'으로 불리던 저장浙江성 원저우溫州는 당국의 종교 소멸 작업에 의해 1959년 5월 '무無종교지역'을 선포하기까지 했다. 물론 실패했지만 말이다. 문혁 때 가해진 박해는 상상을 초월하는 수준이다.

종교 소멸 정책에 따라 종교 지도자와 신도는 우귀사신牛鬼蛇神으로 몰려 타도의 대상이 됐고, 출가한 스님은 환속해 결혼해야 했다. 불상과 경전은 파괴되거나 소각됐고, 1975년 5월엔 국무원 산하의 종교사무국도 문을 닫았다. 종교가 더는 존재하지 않게 됐으니 관리 주체도 필요 없어진 것이다. 대신 마오쩌둥이 재물과 행운을 부르는 존재로 신격화되기에 이르렀다.

이후 덩샤오핑의 개혁개방 정책에 따라 중국의 종교 또한 부활했지만, 1990년대 초 다시 경계의 대상이 된다. 소련과 동유럽의 붕괴 원인 중 하나로 급성장한 종교가 지목된 것이다. 장쩌민은 1993년 "종교신앙의 자유를 관철한다", "종교는 법으로 관리한다", "종교는 사회주의에 적응해야 한다"라는 '세 마디三句話' 지침을 내린다.

2001년엔 여기에 "독립·자주·자영의 원칙을 견지한다"가 추가된 '네 마디四句話'가 중국의 종교정책 방침이 된다. 그래도 후진타오 집권 때까지 중국의 종교는 일종의 '감시적 방임' 상태로 상당한 규모로 성장할 수 있었다. 『시진핑 시대, 종교중국화 공정』

그러던 게 시진핑 집권 이후 '감시적 방임'에서 '적극적 개입'으로 확 바뀌며 과연 '대륙의 하늘에도 신은 존재하는가'라는 의문을 낳게 하는 것이다.

중국은 현재 도교와 불교, 이슬람교, 천주교, 기독교 등 5대 종교만 인정한다. 사상적 통일과 정치적 안정을 위협하는 건 사교로 치부한다. 파룬궁法輪功을 이 범주에 넣고 있다. 무속과 축귀逐鬼, 점, 관상, 풍수 등은 미신으로 간주한다.

신명 박사의 연구에 따르면 중국은 종교를 인권 차원이 아닌 국가 차원에서 접근한다. 종교의 소멸을 전제로, 사회주의적 목적을 달성하기 위해 한시적으로 종교의 자유를 인정할 뿐이다.

그러다 보니 종교는 공산당의 충실한 동반자로서 건국 직후엔 사회주의 사회 건설에, 개혁개방 이후엔 경제 발전에 이바지할 것을 요구받았다. 매 시기 당과 국가가 필요로 하는 바에 따라 움직여야 한다. 한국전쟁이 발발했을 때 중국 기독교계가 중국 정부의 '항미원조抗美援朝, 미국에 대항하고 북한을 돕는다 정책'을 지지하는 신앙

집회를 열고 성금을 모아 전투기를 헌납한 것 등이 그런 예다.

강경구, 박노종, 유미경, 안승웅, 김경아, 강병관 등 6인의 공동 연구에 따르면 시진핑 시기 들어 중국의 종교정책은 커다란 전환기를 맞았다.

집권 초기만 해도 시진핑은 종교에 대해 관대한 입장이었다. 2013년 2월 베이징에서 대만의 고승 싱윈星雲 법사를 만났고, 2014년 3월엔 "불교가 중국에 많은 공헌을 했다"라는 말도 했다.

시진핑과 시진핑 집안이 불교와 관련이 있다는 이야기도 있다. 시진핑의 누나 치챠오챠오齊橋橋는 말을 할 때 자주 '연緣'을 언급해 불교에 귀의했음이 분명하다는 말을 듣는다. 시진핑 자신도 틈틈이 불학佛學 서적을 봤다고 알려져 있다.

중국 작가 커윈루柯雲路는 소설 『신성新星』을 통해 시진핑의 허베이성 정딩현 당서기 때의 일을 그렸고, 이게 TV 드라마로 만들어져 크게 히트했다.

시진핑은 커윈루와도 교류가 잦았는데 커윈루의 영향을 받아 기공도 수련하고 불교 서적도 많이 봤다는 게 시진핑 일대기를 쓴 양중메이의 분석이다.

그런데 시진핑이 종교 문제를 심각하게 고민해야 할 일이 생긴다. 2014년 4월 30일 신장 위구르 자치구 우루무치 기차역에서 대형 폭발 사건이 일어나 무려 82명의 사상자가 발생했다. 중국 공안당국은 종교 극단주의자에 의한 테러 사건이라고 발표했다. 이날은 시진핑이 4일간의 신장 시찰을 마치고 떠나던 날이었다. 폭발이 시진핑을 겨냥했을 것이란 이야기가 나왔다.

이후 시진핑의 종교정책이 크게 바뀐다. 방임하되 감시하는 정도로는 안 된다. 종교가 사회주의 사업을 위해 적극적인 역할을 해야 한다는 것이다.

시진핑의 이 같은 정책은 '종교의 중국화'로 일컬어진다. '중국화'는 익숙한 말이다. 모든 게 중국 상황에 맞게 변해야 한다는 거다. 마르크스주의의 중국화가 그렇고 불교의 중국화도 그렇다. 팡리톈은 "중국인은 고대에 형성된 자국 문화의 구조로부터 불교를 이해했고 중국인의 실제 수요와 정신적 수요에 따라 불교를 대했으며 유가, 도가의 본토 문화로 불교를 변화시켰다"라고 말한다. 시진핑 시기엔 모든 종교의 중국화가 요구되고 있다.

시진핑은 2015년 중앙통일전선공작회의와 2016년의 전국종교공작회의를 통해 '종교의 중국화' 방향을 제시한다. 2017년 제19차 당 대회 때 종교의 중국화를 다시 강조한 뒤 2018년엔 종교 담당의 국무원 직속 기구인 국가종교사무국을 당의 통일전선공작부에 귀속시킨다. 당이 직접 종교를 챙기겠다는 것이다.

통일전선공작부는 다양한 세력을 하나로 결집해 당의 권력을 공고히 하기 위한 거국적인 애국 조직이다. 자연히 애국愛國이 애교愛教에 앞서야 한다. 중국 불교가 "불교의 전통은 애국과 불교 사랑이다. 석가모니는 애국자였고, 중국의 고승 모두 애국을 실천했다"라고 말하는 배경이다. 중국의 홍이弘一 법사는 "염불하되 구국을 잊지 말라念佛不忘救國"고 가르친다.

　중국의 종교 관리가 통전부 산하로 들어간 2018년부터 중국에선 5대 종교의 중국화 5개년 계획이 시작된다. 기독교와 천주교, 이슬람교는 2018년부터 2022년까지, 불교와 도교는 2019년부터 2023년까지 각각 '중국화 5개년 계획' 실천에 들어가는 것이다. 종교의 중국화는 종교의 사회주의화로 시진핑 시기 중국 공산당이 요구하는 일을 해야 한다.

　기독교 중국화의 예를 보자. 강경구 등의 연구에 따르면 기독교 중국화의 목표는 '중국에 있는 기독교'에서 '중국 기독교'로 변화해 시진핑이 제창하는 중국몽을 실현하는 거다. 중국 기독교는 만사 제쳐두고 중화민족의 위대한 부흥 실현에 앞장서야 한다.

　이를 어떻게 보여줄 건가. 중국 정부는 구체적 조치로 '4진四進 운동'을 펼친다. 교회에 중화인민공화국 국기, 헌법과 법률 법규, 사회주의 핵심 가치관, 중화 우수 전통문화 등 네 가지를 갖춰야 한다. 이에 따라 십자가가 철거되고, 시진핑과 마오쩌둥 초상이 배치되고, 교회에서 국기 게양식을 거행하기도 한다.

2023년 5월 말 윈난云南성 위시玉溪시 통하이通海현에선 무슬림과 공안 간 대규모 충돌이 벌어졌다. 600년 역사의 나자잉 모스크이슬람 사원 철거 소식에 현지 무슬림이 격분한 것이다. 현재 모스크는 아라비안 스타일로 2004년 완공됐는데 이를 종교의 중국화 정책에 따라 중국풍 건물로 바꾸려 했던 게 문제가 된 것이다.

이런 예는 부지기수다. 천위안두陳緣督의 '천신지후天神之后'는 예수를 안고 있는 성모가 중국 악기를 연주하는 여인들을 거느리고 강림하는 모습을 그리고 있다.

중국의 5대 종교는 모두 사회주의 핵심 가치관을 지침으로 삼아야 한다. 사회주의 핵심 가치관은 중국 전통 사상과 서양 근대 사상, 사회주의 사상 중에서 시진핑 시대를 이끌어갈 국가 지도 이념으로 12가지 덕목을 추린 것이다. 국가 차원의 가치 지향인 부강·민주·문명·조화, 사회 차원의 가치 이념인 자유·평등·공정·법치, 공민 차원의 가치 규범인 애국·근면·성실·선의가 그것이다.

예를 들어 중국 기독교는 2018년 전국 회의에서 '사회주의 핵심 가치관 제안서'를 발표했는데 내용은 이렇다.

'나라 사랑과 기독교 사랑으로 부강·민주·문명·조화의 아름다운 세상을 만들자. 빛과 소금이 되어 자유·평등·공정·법치의 화합 분위기를 촉진하자. 신을 영광되게 하고 이웃을 이롭게 해

애국·근면·성실·선의를 행하는 훌륭한 공민이 되자'.

종교가 사회주의 외투를 걸친 느낌으로 어색하기 짝이 없지만 이게 중국의 종교 현실이다.

왕윈王韻 대만국립정치대학 교수에 따르면 2020년부터는 종교의 중국화 요구가 아예 종교 폐지로 바뀌고 있다. 당국이 일반 민중의 경조사에까지 손을 뻗치고 있다는 것이다. 예를 들어 2020년 4월 이래 산둥성과 윈난성, 저장성 등에선 공공묘지의 종교적 표지를 철거하는 사건이 벌어졌다. 두 달 후인 6월엔 '장례식장에서의 종교행사 금지' 통보가 내려졌다.

2021년 12월엔 '인터넷 종교자문서비스 관리법'을 공포해 2022년 3월부터 어떤 조직이나 개인도 사이버 공간에서 포교 활동을 할 수 없게 막았다. 종교 교육이나 경전 강의 등도 할 수 없다. 중국의 종교가 다시 암흑기에 돌입한 모양새다.

이에 대해 강경구 등은 종교 본래의 보편성과 영향력이 공산당 권위에 대한 도전이 될 수 있기에 종교의 사회적 영향력이 커지는 게 달갑지 않기 때문이라고 말한다. 또 지구촌 시대에 종교를 통해 세계적인 연대가 이뤄질 수 있고, 이게 공산당에 실질적 위협이 될 수 있기 때문이다.

신명 박사는 중국의 종교정책이 이중적이라 분석한다. 한편으론 종교집단을 사회주의 건설을 위한 동반자로 간주해 당과 정부를 지지하는 세력으로 변화시키고자 하면서 동시에 무신론과 반종교 선전을 이용해 종교를 소멸시키는 전략을 채택하고 있다는 것이다.

팡리톈은 중국 원저우에서 실시한 한 표본 조사를 통해 중국인의 57%는 병 때문에 종교를 믿게 됐으며 신도 중 여성이 남성보다 많은 건 남존여비의 전통 관념 속에서 여성이 종교에서 위안을 찾으려 했기 때문이라고 말했다. 또 청년은 정신적 기탁을 위해, 노인은 사후의 귀결점을 위해 종교를 믿는다며 심리적 수요가 주요한 원인이라고 설명했다. 종교의 본질은 결국 '마음의 위안'인 것이다.

그러나 시진핑 시기엔 가난한 영혼을 위로받는 믿음조차 사치가 된 것 같다.

6장

시진핑의 말은 왜 이렇게 거친가

'남의 불을 끄는 것으로 자신을 더 빛나게 할 수 없고, 남의 길을 막는다고 자신이 더 멀리 갈 수 있는 건 아니다.'

이 글은 2023년 6월 초 중국 대학 입학시험의 작문 시험 제시어다. 문제를 낸 중국 교육고시원은 이 문장에 대한 수험생의 생각을 정확한 시각과 분명한 입장, 명확한 문체로 800자 내외로 정리하라고 요구했다. 당신이 수험생이라면 어떤 답을 할까. 아마 다양한 글이 나왔을 것이다.

그러나 중국에서의 모범 답안은 대략 정해져 있다. 이 글에서 '남'이란 중국, '자신'은 미국을 가리킨다. '남의 불'은 중국몽, '남의 길'은 중국 발전의 길로 이해하면 된다. 즉 미국이 중국몽 달성을 방해하고 중국의 발전을 막는다고 해서 미국의 아메리칸드림이 실현되거나 미국의 패권이 계속 유지되는 건 아니라는 것이다.

아마도 총명한 중국 수험생들은 '미국이 온갖 악랄한 방법으로 중국의 위대한 부흥을 저지하고 있다'라고 시대 상황을 진단한 뒤 '중국은 인민의 영수 시진핑 주석의 탁월한 영도 아래 이 난관을 돌파해 중화민족의 위대한 부흥을 반드시 실현해야 한다'라는 답안을 내놓지 않았을까 싶다.

왜? 이 제시어는 바로 시진핑이 2023년 3월 중국 공산당과 세계 정당 고위층 간 토론회에서 한 발언이기 때문이다.

정치는 곧 말이다. 말로 대중을 설득해 이끌고 간다. 불세출의 영웅을 꿈꾸는 시진핑의 언어는 그의 집권 이후 넘치고 또 넘친다. 연설과 담화, 지시 등 거의 매일 중국 언론을 장식한다. 한데 놀라운 건 시진핑의 말이 이젠 대학 입학시험 문제로까지 나왔다는 점이다.

이제까지 중국 영도인의 어록 중 대입 시험에 나온 건 마오쩌둥의 시구詩句 '진정한 영웅을 보려면 오늘 세상을 보라數風流人物 還看今朝'가 유일했다고 한다. 이 시구는 마오의 시 '심원춘沁園春, 정원에 스며드는 봄-설雪'의 마지막 부분이다. 중국 중학교 어문 교재에 실려 있기도 해 시험 문제로 나온다고 해서 그리 놀랄 일은 아니다.

그러나 2023년에는 시진핑 어록에서 두 문장이나 골랐다. 다른 제시어는 시진핑이 2014년 3월 세계 각 문명의 교류를 강조하기 위해 한 말이다.

'꽃 한 송이 핀다고 봄이 온 건 아니다. 온갖 꽃이 펴야 뜰에 봄이 가득한 것이다. 만일 세상에 한 종류 꽃만 있다면 이 꽃이 아무리 아름다워도 너무 단조롭지 않나.'

이처럼 대입 시험에 시진핑 어록이 등장하면 중국에 어떤 일이 벌어질지는 자명하다. 시진핑 어록 학습 열기가 하늘을 찌를 게 분명하다. "정치가 교육을 침범했다"라는 정도의 비판은 한가해 보인다. 시진핑의 '말씀'은 이제 중국 전역을 뒤덮고 모든 중국인의 사고 지배에 나섰다. 우리가 시진핑의 언어에 주목해야 하는 이유다.

그렇다면 시진핑의 말은 어떤 특징이 있으며 어떻게 중국을 지배하고 있나.

시진핑의 정치 언어 특징과 관련해선 대만의 중국정치평론가 바이신의 분석을 참고할 필요가 있다. 바이신에 따르면 시진핑의 정치 언어는 크게 두 가지 특징을 갖는다.

첫 번째는 마오쩌둥을 닮았다는 점이다. 가장 눈에 띄는 건 중국 고전古典 인용이 지나치게 많다는 거다. 중국 인민일보출판사가 2015년 펴낸『시진핑 용전用典』을 보면 시진핑은 많은 전고典故, 전례와 고사를 사용하고 있는데 선진先秦, 秦나라 이전과 양한兩漢, 전한과 후한 시기 원전에서 인용한 횟수가 가장 많아 68곳이나 된다. 다음은 명청明淸 시기로 23곳에 달했다.

이는 마오쩌둥의 고전 인용과 비슷하다. 마오의 비서였던 리루이李銳가 통계를 낸 바에 따르면 『마오쩌둥 선집』 4권 중 선진 시기 전고를 인용한 게 가장 많았는데 『좌전左傳』에서만 직접 따온 게 40곳에 달했다고 한다. 마오는 또 1947년 큰아들 안잉岸英에게 보낸 편지에서 "명청 시기의 글을 많이 보라"고 했는데 이는 마오의 만년 독서 취향을 보여주는 것이다.

시진핑은 또 송대宋代 소동파蘇東坡의 문장을 많이 이용하는데 이는 마오가 소동파의 사詞를 기세가 드높고 자유분방하다며 높이 평가한 것과 궤를 같이한다.

결국 시진핑의 전고 인용 취향은 마오와 매우 닮았다. 이에 대해 바이신은 시진핑이 마오를 따라 하려 해서 생긴 것일 수 있다고 말한다. 아무튼 선진과 양한 문헌에 나오는 글이 중국의 전통적인 치국의 길을 말해주고 있다면 명청 시기 문장은 마음을 닦는 심학心學에 가깝다고 한다.

두 번째 특징은 구어화口語話다. 시진핑은 자신이 직접 겪은 가벼운 이야기로 말을 시작하는 경우가 많다.

2014년 10월 문예공작좌담회에선 "1982년 내가 정딩현으로 일하러 가기 전날 밤 일부 친한 친구들이 송별회를 열었다"라고 말문을 열고 "당시 팔일 공장의 작가이던 왕위안젠王願堅이 내게 말하길 농촌에 가면 류칭柳靑, 주로 농촌을 소재로 소설을 쓴 작가처럼 농민 속에 깊이 들어가 농민과 한 몸이 되라고 했다"라는 일화를 소개했다.

이 같은 시진핑의 화법은 프랭클린 루스벨트 미 대통령의 '노변담화爐邊談話, 따뜻한 난롯가에서 허물없이 나누는 이야기'를 떠오르게 한다고 바이신은 말한다. 루스벨트는 논리에 의존하기보다는 감성에 호소하는데 능했는데 시진핑 역시 그렇다는 것이다. 적당한 은유로 상대의 동의를 끌어내는 방식이다. 바이신에 따르면 시진핑 연설에서 가장 많이 등장하는 은유 속어는 '쇠를 두드리려면 자신부터 단련해야 한다打鐵還需自身硬'라는 말이다. 무슨 일이든 하기에 앞서 우리 몸가짐부터 바로 해야 한다는 것이다.

시진핑은 또 적지 않은 연설에서 '나我'를 주어로 쓰는데 이는 이전 중국 공산당의 영수들이 '우리들我們'이라는 주어를 주로 쓴 것과는 차이가 있다고 한다. 중국 공산당 영도인은 당내 연설 시 되도록 '나'라는 주어를 피한다. 집단주의를 강조하고 개인의 부각을 막기 위해서다.

한데 시진핑은 왜 '나'라는 주어를 많이 쓰고 또 자신의 경험에 기초한 구어체 풍격을 많이 사용하는 것일까. 바이신은 이에 대해 '짐이 곧 당朕即黨'이라는 위세를 현장에서 과시해 권위를 확보하려는 행동이라고 분석하고 있다.

그러나 나는 여기에 한 가지 특징을 더 추가하고 싶다. '거친 언어'다. 이는 마오쩌둥 따라 하기와 구어체라는 두 가지 특징을 잘못 결합할 때 나타난다.

마오쩌둥의 언어는 호방하다. 그의 유명한 시 '심원춘-설'에 잘 드러난다. 마오는 여기에서 진시황과 한무제는 문재文才가 없고 당태종과 송태조는 풍류風流가 부족했으며 징기스칸은 그저 활이나 쏠 줄 알았다고 탓한다. 그리고 진정한 영웅을 보려면 오늘을 봐야 한다고 외친다. 자신이 고금을 통틀어 중국 제일의 호걸이라 주장하는 것이다.

마오는 한때 마르크스주의도 제대로 모르고 중국 촌구석 경험에만 의지하는 혁명가란 뜻의 '산골짜기의 마르크스주의자'라는 비아냥을 들었다. 이후 "내가 하루를 더 살면 하루를 더 공부할 것"이라고 분발해 훗날 사상가라 불리기에 손색이 없는 경지에 올랐다.

마오는 죽는 날까지 책을 붙들고 있었는데 16년 동안 마오의 도서 관리를 한 펑셴즈逄先知에 따르면 마오가 의료진의 응급처치 순간에도 들고 있던 책은 『용재수필容齋隨筆, 남송 시대 洪邁가 책을 읽으며 깨달은 것을 집대성한 필기』이었다고 한다.

펑셴즈는 마오가 좋아한 작품은 대부분 호방하고 낭만적이었다고 말한다. 굴원屈原의 불굴, 이백李白의 낭만, 소동파와 신기질辛棄疾의 호방함, 유종원柳宗元의 혁신, 노신魯迅의 정직함을 좋아했다고 한다.

시진핑 역시 마오의 호방한 풍격을 따르려 하는 것으로 보인다. 한데 이게 정제되지 않은 구어와 만날 때 듣는 이를 깜짝 놀라게 한다.

2009년 2월 국가 부주석 신분으로 멕시코를 방문해 화교 대표들과 만났을 때 "일부 배부르고 할 일 없는 외국인이 우리 일에 이래라저래라한다"라고 했다는 말이 대표적이다. 중국 국내에서 한 말은 그대로 발표하기에 민망한 게 많아 20% 정도만 보도된다는 이야기가 나돌기도 했다. 국제사회가 지켜보는 연설에서도 시진핑의 표현은 거친 게 많다.

2021년 중국 공산당 창당 100주년 기념 연설에서도 "외부세력이 중국 인민을 압박하면 머리가 깨지고 피를 흘릴 것頭破血流"이라고 말했다. 솔직히 '대가리가 깨지고'라는 뉘앙스가 맞다.

지도자의 언어가 미치는 파급력은 크다. "한국은 손 봐줘야 한다" 같은 중국 언론의 겁박이 쏟아지고, 늑대와 같은 전랑戰狼외교가 출현해 중국의 품위를 일순간에 무너뜨리고 있다.

중국이 요즘 마음에 안 드는 국가를 상대로 자주 쓰는 말이 있다. "불장난하면 반드시 스스로 불에 타 죽는다玩火者必自焚". 중국 일부 강경파는 통쾌하다고 할지 모르겠으나 국제사회는 5,000년 문명 대국 중국의 자질을 의심하는 상황이다.

시진핑은 "중국이 국제사회에서 믿을 수 있고 사랑스럽고 존

경받는$^{可信, 可愛, 可敬}$ 이미지를 갖도록 노력해야 한다"라고 말한
다. 그러나 그 시작은 자신의 거친 언사를 버리는 것에서 출발하
는 게 마땅하다.

낙양지귀와 시진핑 저작

좌사左思는 중국 서진西晉 시기 사람이다. 어려서 서예와 거문고를 배웠지만 신통치 않았다. 외모도 볼품없고 말주변도 없었다. "내 어릴 적보다 못하다"라는 아버지 말씀에 마음도 아팠다. 그러나 좌절하지 않고 열심히 공부해 자신의 출신지 제齊나라 수도의 사물에 관한 이야기 『제도부齊都賦』를 썼다. 그리고 또다시 10년의 노력 끝에 위魏, 촉蜀, 오吳 등 세 나라 서울에 관한 글 『삼도부三都賦』를 펴냈다.

처음엔 알아보는 이가 없었으나 당대의 문장가 장화張華의 극찬에 이어 황보밀皇甫謐이 감탄하며 서문을 썼다. 그러자 사람들이 앞다퉈 삼도부를 베껴서 읽기 시작했다. 낙양洛陽의 종이가 갑자기 동이 나 품귀 현상이 벌어지는 낙양지귀洛陽紙貴란 말이 나온 배경이다. 지금도 '낙양의 지가를 올렸다'라는 말은 베스트셀러가 나왔음을 뜻한다.

좌사의 이야기는 1,700여 년의 세월을 뛰어넘어 계속된다. 1967년 1월 저우언라이는 중국인 모두 마오쩌둥의 정신을 배워야 한다며 그해 마오 선집 8,000만 세트 발행을 발표한다. 이 임무 달성을 위해 종이와 공문서 절약을 외친다. 그렇게 만든 마오 선집이 무려 9,151만 세트에 달했다. 마오의 말씀을 담은 마오 어록과 문선, 선집 등이 문혁 기간에만 18억 7.244

만 권이 발행됐다고 한다.

2023년 4월 10일 중국 신화사는 당 중앙이 『시진핑 저작 선독』을 출판하기로 하는 중대 결정을 내렸다고 전했다. 2012년 11월부터 2022년 10월까지 시진핑 집권 1, 2기의 주요 저작을 모은 책으로 모든 당원과 대학이 학습하라고 지시했다. 이에 따라 9,671만 당원과 4,000만 대학생을 위해 적어도 권당 1억 3,000만 부를 발행해야 한다.

현재 1권과 2권이 나왔으니 2억 6,000만 부를 찍어야 한다. 앞으로 몇 권이 더 나올지 모른다. 베이징의 종잇값이 껑충 뛸 이유가 생겼다.

★ 7장

한 번 연을 맺으면
끝까지 간다

나라는 어떻게 다스리나. 크게 세 단계가 있다.

전략을 정한다定戰略. 어떻게 발전시킬지가 관건이다.

팀을 짠다搭班子. 뜻이 같은 이들과 한패를 만든다.

대오를 이끈다帶隊伍. 무리를 이끌고 행동으로 전략 실현에 나선다.

결국 시진핑이 아무리 모든 걸 챙기는 '만물의 주석'이라 하더라도 그를 받쳐줄 사람은 필요하게 마련이다. 시진핑의 용인술을 주목해야 하는 이유다.

현재 시진핑 정부를 지탱하고 있는 인물들이 시진핑의 어떤 판단과 기준에 따라 발탁됐는지를 아는 건 우리의 운명과도 직결된다. 실제 중국을 상대로 하는 업무가 이들과의 소통을 통해 이뤄지기 때문이다.

마오쩌둥과 덩샤오핑은 사람을 쓸 때 계파 간 안배를 중시했다. 각 파벌의 견제와 균형을 통해 자신의 절대적 1인자 자리를 굳건하게 지켰다.

시진핑은 어떤가. 커우젠원 교수에 따르면 시진핑의 사람 관계에선 크게 두 가지 특징이 있다고 한다.

시진핑은 옛 친구나 동료, 상사에 대한 정이 두텁다. 한 번 좋은 인연을 맺으면 설사 이들이 역경에 처한다 해도 쉽게 저버리는 일이 없다.

푸젠성 근무 시 상사였던 샹난項南이 훗날 실각했지만, 시진핑은 그가 죽을 때까지 챙겼다.

허베이성 정딩현 때 동료였던 자다산賈大山이나 뤼위란呂玉蘭이 병에 걸리자 시진핑은 부인 펑리위안과 함께 푸젠성에서 허베이성까지 몇 번씩이고 병문안을 왔다.

산베이陝北 지역에서 함께 농사를 지었던 뤼허우성呂侯生이 생활고에 시달린다는 소식을 듣고는 두 차례나 돈을 보냈고, 또 그의 건강이 나빠지자 푸젠성으로 데리고 와 치료를 받도록 했다.

두 번째 특징은 문혁 세대의 공통점으로 적으로 여기면 철저하게 부순다. 문혁 세대는 홍위병과 상산하향上山下鄕 운동, 개혁개방에 대한 집단기억을 갖고 있다. 계급투쟁 교육의 영향을 받고 자라 세상엔 계급투쟁이 없는 곳이 없고 투쟁은 하면 할수록 격렬해야 한다고 생각한다. 따라서 남에 대해선 먼저 의심하며 믿음이 적고, 일단 적이라 여기면 철저하게 부순다.

학교 때 배운 이런 투쟁 정신이 사회생활에서도 그대로 드러나 '적에겐 모질고 동지엔 따뜻한對敵狠 對友和' 계급 감정을 갖게 됐다고 한다.

따라서 시진핑은 아군이라 생각되는 이에겐 중책을 맡기고, 여러 차례 발탁하는 걸 주저하지 않는다. 반면 적은 악이므로 반드시 소멸시켜야 한다고 본다. 아군도 아니고 적군도 아닌 타군他群에 속하는 사람은 먼저 의심하고, 그의 표현과 충성을 본 뒤 아군 또는 적군으로 구분한다.

시진핑의 용인술이 가장 두드러지게 나타난 예는 차이치蔡奇 발탁이다. 2022년 10월 20차 당 대회를 앞두고 중국 최고 지도부인 정치국 상무위원회 7인에 대한 많은 추측이 있었다. 가장 의외로 발탁된 인물이 차이치였다. 1955년생인 차이치는 당시 베이징 당서기였는데 그가 상무위원회에 진입하리라고 본 사람은 거의 없었다.

푸젠성 출신의 차이치는 푸젠성 정치개혁판공실 부주임과 당 위원회 판공청 부주임, 산밍三明시 시장 등을 역임하며 당시 푸젠성에 와 있던 시진핑과 인연을 맺었다. 이후 저장浙江성에서 다시 시진핑과 만났고, 2014년 새로 생긴 중앙국가안전위원회 판공실 부주임이 되며 중앙 무대에 진출했다. 2년 후엔 베이징 시장과 당서기를 맡았고, 2017년 19차 당 대회 때 세 단계 고속 승진해 정치국 위원이 되며 큰 주목을 받았다.

시진핑이 차이치를 얼마나 높게 평가했는지에 대한 일화가 홍콩의 중국 전문가 쑨자예孫嘉業의 말을 통해 전해진다. 이에 따르면 시진핑은 중국 내부 연설에서 차이치가 삼도三道를 갖췄다고 말했다.

"나와 차이치가 함께 일한 지가 16~17년 되는데 그에 대한 인상이 매우 깊다. 차이치는 시간만 나면 어머니를 모시고 마당에 나와 산보를 한다. 이는 효도孝道다. 차이치는 어려움이 있는 하급 간부나 직원을 돕는데 열심이다. 물론 그 어떤 보답도 바라지 않는다. 이는 후도厚道다. 나와 차이치 두 사람은 처음엔 급이 같았는데 훗날 내가 승진을 거듭하며 높아졌다. 그러나 차이치는 단 한 번도 나를 찾아와 승진을 부탁한 적이 없다. 이는 정도正道다."

시진핑은 그러면서 "우리 당은 바로 이런 간부를 써야 한다. 인품이 좋다는 게 첫 번째"라고 말했다.

물론 차이치에 대한 평가는 갈린다.

차이치는 2017년 겨울 혹독한 추위에 아랑곳없이 200만 명이 넘는 베이징의 무허가 저소득 계층을 하룻밤 사이에 베이징 밖으로 쫓아내 악명을 얻었다. 당시 차이치는 "칼을 뺐으면 피를 봐야 한다"라며 철거 작업을 독려한 것으로 알려진다. 그때 나온 말이 "시진핑이 마윈 등 고위층을 박살 내면 리창은 상하이 중산층을 박살 내고 차이치는 베이징 빈곤층을 박살 낸다"였다.

차이치는 또 아부도 잘한다는 눈총을 받았다. 2017년 시진핑을 "영명한 영수領袖"라 추켜세우는데 앞장선 게 그였기 때문이다.

그러나 긍정 평가 또한 적지 않다. 그는 SNS 활용을 잘했다. 저장성 조직부장 시절엔 100만 명 이상의 팔로워를 거느린 파워블로거였다.

하루는 팔로워 가운데 한 여성이 민원성 글을 올렸다. "세무국에 근무하는 내 아들이 술이 약한데 허구한 날 회식 등으로 만취해 들어온다"라고 하소연했다. 그러자 차이치는 "어느 부서인지 알려주면 조치하겠다"라고 답했고, 이후 실제 보직을 바꿔줬다. 이에 대해 '행정 간여'가 아니냐는 소리가 나오자 차이치는 "민원을 해결한 것인데 무슨 행정 간여냐"라고 일축했다.

인터넷에선 차이치를 '차이 아저씨蔡叔'라 부르며 "문제가 있으면 차이 아저씨를 찾으라"라는 말이 돌았다. 민원을 중시하는 차이치의 업무 태도는 베이징에 와서도 그대로 이어진 모양이다.

필자가 몇 해 전 베이징 특파원 근무 시절 중국 지인을 통해 들은 이야기 하나가 있다. 베이징의 각 구區 책임자가 차이치의 매달 업무 평가 때문에 무지하게 스트레스를 받는다는 것이었다. 각 구에서 접수한 민원을 얼마나 해결하느냐로 그 책임자 성적을 매기는데 꼴찌권에 있는 사람들은 죽을 각오를 해야 한다는 것이었다. 업무에 악착같은 차이치의 단면을 읽을 수 있다.

시진핑 집권 이전 중국엔 정치국 상무위원 인선과 관련해 '칠상팔하七上八下' 규칙이 있었다. 67세까지는 정치국 상무위원이 될 수 있지만 68세는 안 된다는 것이다. 장쩌민이 자신의 집권 시절 정치 라이벌을 밀어내기 위해 만든 것이었다.

시진핑은 2015년 칠상팔하 규칙을 깨기 위해 '능상능하能上能下' 규정을 만들었다. 능력이 있으면 올리고 능력이 없으면 내린다는 것이다. 2022년 9월엔 능상능하 규정 수정안을 발표했다. 20차 당 대회를 한 달 앞두고 편하게 인사하기 위해서였다.

18개 조항 중 제2조엔 능력 있는 자는 올리고能者上, 우수한 자에겐 상을 주며優者獎, 변변치 못한 사람은 내리고傭者下, 열등한 자는 도태시킨다劣者汰라고 적었다.

누가 능력이 있고 누가 변변치 못한가의 판단은 오롯이 시진핑의 몫이다. 그 결과가 20차 당 대회에서 구성된 정치국 상무위원 7인의 면면이다. 시진핑 비서 출신만 리창과 차이치, 딩쉐샹丁薛祥 등 세 명이나 된다.

그 인사의 핵심은 시진핑 후계 구도가 보이지 않는다는 점이

다. 시진핑의 1인자 자리를 위협할 고위층 인선은 당분간 개점
휴업 상태가 될 전망이다.

사실 시진핑은 일찍부터 규칙에 연연하지 않았다. 자다산 정
딩현 문화국 국장이 좋은 예다. 시진핑은 나름 문학과 예술에도
관심이 있어 문인 작가와 교류가 적지 않았는데 자다산과는 형
제처럼 지냈다고 한다. 함께 술을 마시고 이야기하다가 기숙사
문이 잠기면 두 사람이 담을 넘어 들어갔다고 한다.

1982년 겨울 정딩현 당서기였던 시진핑은 자다산을 문화국
국장에 앉히려 했는데 자다산이 당원이 아니어서 문제가 생겼
다. 그러자 시진핑은 관례를 깨고 문화국엔 당조黨組를 두지 않는
다며 임명을 강행했다. 자기 사람이면 규칙에 상관없이 기용하
는 건 이미 40여 년 전부터 시작된 것이다.

어떤 관리가 인재인가. 시진핑이 2008년 전국 조직부장 회의
에서 밝힌 기준이 있다. '덕과 재능을 겸비하되 덕을 우선한다'라
는 것이다.

덕은 네 가지가 있다. 정치적 품성政治品德과 직업적인 윤리職業
道德, 사회에서의 공적인 덕성社會公德, 가정에서의 품행家庭美德 등
이다.

시진핑은 나라를 어지럽히는 간신國之亂臣과 집안을 망치는 자

식가지패자食家之敗子은 재주는 넘치되 덕이 모자라서 생긴다고 본다.

특히 많은 젊은 간부가 집에서 학교로, 학교에서 정부 기관으로의 단선적인 경력을 쌓은 결과 불법을 저지르는 이들에게 매수되기 쉽다고 말한다. 학력은 높고 의욕은 많으나 불량 패거리들과 어울려 먹고 마시다 보니 기강이 흐트러져 공무 현장에 정부情婦를 데리고 다닐 정도로 문란해졌다고 한다. 시진핑은 도덕 정신을 함양하라고 주장한다. 결국 시진핑 시대의 인재 선발은 품성부터 따지는 것으로 귀결된다.

시진핑의 용인술을 종합하면 한 번 맺은 연緣을 소중하게 생각하고, 확실하게 적아敵我 구별을 한다는 것이다. 아군에겐 한없이 관대하고, 적은 확실하게 죽인다.

몇 년 전 중국 여자 테니스 스타 펑솨이彭帥가 시진핑 집권 1기 때 서열 7위의 정치국 상무위원이었던 장가오리張高麗에게 성폭행을 당했다고 폭로해 난리가 났었다. 하지만 장가오리는 무사했다.

장가오리는 1997년부터 2001년까지 광둥성 선전의 당서기로 근무하며 당시 이곳에 살던 시진핑의 아버지 시중쉰을 극진히 모신 것으로 알려진다. 그런 장을 불명예스럽게 내칠 수는 없었을 것이다.

반면 적으로 판단한 저우융캉周永康 전 정치국 상무위원과 쉬

차이허우徐才厚 전 중앙군사위 부주석 등에 대해선 무자비하게 칼을 휘둘렀다.

커우졘원 교수는 "시진핑은 은원恩怨이 분명한 사람"이라고 말한다. 인정이 후하기도 하지만 복수도 잊지 않는다는 것이다. 시진핑은 정딩현에서 일할 때 당시 허베이성 당서기인 가오양高揚과 사이가 좋지 않았다. 가오양이 당내 회의에서 시진핑을 잘 봐달라던 편지를 공개해 시진핑 집안을 난처하게 만든 것이다. 가오양은 훗날 중앙당교 교장에 올랐고 2009년에 사망했다. 당시 중앙당교 교장이던 시진핑이 관례에 따라 유체 고별식에 참석해야 했으나 시진핑은 끝내 참석하지 않았다.

우리로선 시진핑의 용인술이나 대인 관계를 국가 간 관계로 확장해 생각할 필요가 있겠다. '지피지기 백전불태知彼知己 百戰不殆'라 하지 않나. 정에 약하고 은원이 분명한 시진핑을 어떻게 상대해 나갈 것인가는 오롯이 우리의 몫이다.

習近平 探究

4부
시진핑 앞엔 어떤
난제가 놓였나

1장

미국을 어떻게
넘을 것인가

"6억 인구를 가진 나라는 지구상에서 우리가 유일하다. 올해 우리 철강 생산량이 400만t이다. 1억 7,000만 미국인이 60년 전 달성한 수치다. 우리가 앞으로 50~60년 노력해 미국을 추월하지 못하다면 지구상에서 아예 중국이란 호적을 파버려려야 한다."

1956년 마오쩌둥이 한 말이다. 마오는 58년 9월엔 5년 안에 영국을 따라잡고, 다시 7년을 투자해 미국을 추월하자고 중국을 다그쳤다. 그렇게 시작한 마오의 조급한 대약진大躍進 운동은 62년 초 2,500만 명의 아사자를 내는 참담한 실패로 끝났다.

그러나 그로부터 반세기가 지난 2012년 중국에서 다시 미국 추월의 기치가 올랐다. 그해 11월 중국 공산당 총서기가 된 시진 핑이 중국몽을 제창하고 나선 것이다. 시진핑의 중국몽은 책사 왕후닝王滬寧이 중국 국방대학 교수 류밍푸劉明福가 2010년 쓴 책 『중국몽』에서 빌려온 통치 슬로건이다.

류밍푸의 『중국몽』은 헨리 키신저가 그의 저서 『On China』에서 여러 차례 언급했을 정도로 출판 당시 커다란 반향을 일으켰다. 골자는 '중국은 어떻게 미국과의 경쟁에서 이길 것인가'이다.

류밍푸는 중국이 미국을 뛰어넘으려면 4가지 형태의 대국이 돼야 한다고 말한다. 경제 대국→과학기술 대국→군사 대국→문화 대국의 순으로 발전해야 한다는 것이다.

미국과의 싸움엔 세 가지 방식이 있다고 했다. 첫 번째는 결투식이다. 이는 전쟁을 말한다. '너 죽고 나 살기' 식으로 누구 하나는 죽어야 끝이 나므로 바람직하지 않다. 두 번째는 권투식으로 이는 냉전을 뜻한다. 이 역시 피해가 막심해 피해야 한다. 세 번째는 육상식인데 단거리가 아닌 마라톤이 적합하다. 중국의 장기인 지구전을 펴야 한다.

류밍푸의 중국몽은 한마디로 미국 타도의 꿈이다. 이는 시진핑의 중국몽과 크게 다르지 않다.

시진핑이 말하는 '중화민족의 위대한 부흥 실현'이라는 중국몽은 1840년 아편전쟁 이전 청淸이 세계 최강의 국력을 자랑했던 위치로 중국이 귀환해야 한다는 것이다. 그러기 위해 넘어야 할 산이자 건너야 할 강이 바로 미국이다. 시진핑은 집권 이후 일

관되게 미국 추월의 꿈을 추진하고 있다. 꿈이 나쁠 건 없다. 그러나 그게 상대에게 악몽이란 것을 깨닫게 하는 순간 이야기는 달라진다. 지금 미·중 갈등은 그렇게 벌어지고 있다.

시진핑이 미국에 던진 첫 도전장은 '신형대국관계新型大國關係' 건설이다. 2012년 2월 국가부주석 신분으로 미국을 방문했을 때 당시 버락 오바마 대통령과 조 바이든 부통령에게 이미 제시했다.

시진핑에 따르면 신형대국관계엔 네 가지 뜻이 담겼다. 서로 충돌하지 않고不衝突, 서로 대항하지 않으며不對抗, 상호존중相互尊重하고, 윈윈을 추구한다互惠共榮는 것이다.

문제는 상호 존중에 있다. 뭘 존중하자는 건가. 시진핑은 서로의 핵심 이익을 존중해야 한다고 말한다. 그럼 핵심 이익은 또 뭔가.

중국에 따르면 핵심 이익은 세 가지로 구성된다. 첫 번째는 중국 공산당 일당 체제, 두 번째는 중국의 주권과 영토 보전, 세 번째는 중국의 지속 가능한 발전이다.

문제는 중국의 핵심 이익 규정이 자의적이란 점이다. '귀에 걸면 귀걸이, 코에 걸면 코걸이' 식으로 중국이 자신의 핵심 이익이라고 규정하면 다른 나라는 이를 꼼짝 말고 받아들여야 한다는 이야기다. 사실 시진핑의 속뜻은 미국과 맞먹자平起平坐는 것이다. 배경엔 2008년 글로벌 금융위기 이후 미국의 시대는 한물갔다는 중국의 인식이 깔려있다.

오바마 정부가 받아들일 리 없다. '재균형 전략'을 통해 미국은 아시아에 힘을 쏟기 시작한다. 그래도 이 기간 미·중은 전략적 동반자 관계를 유지했다. 중국의 경제 발전이 미국 등 서방에 도움이 된다는 인식이 아직은 많았기 때문이다.

하지만 시진핑의 자신감은 하늘 높은 줄 모르고 치솟는다. 2016년 9월 중국 항저우杭州에서 오바마와 만났을 때 "중국은 미국이 한국에 사드THAAD 시스템을 배치하는 걸 반대한다"라고 말했다. 미국을 상대하는 중국의 말투가 바뀌기 시작한다. 그해 주영대사를 지낸 중국의 유명 외교관 푸잉傅瑩은 미국이 주도하는 체제는 "더는 맞지 않게 된 양복"이라고까지 말한다.

2017년 사업가 출신의 도널드 트럼프 미 대통령이 취임하자 중국의 배포는 더 커졌다. 그해 4월 미 플로리다주 마러라고에서 있었던 트럼프와의 회담에서 시진핑은 "우리는 중·미 관계를 좋게 해야 할 1,000가지 이유가 있다"라는 유명한 말을 했다. 그리고 11월 베이징으로 트럼프를 초대한 자리에서는 "태평양은 매우 커 중·미 양국을 다 담을 수 있다"라고 말한다. 중국과 미국이 태평양을 반반 나눠 지배하자는 이야기다.

마침내 미국의 분노가 폭발한다. 2018년이 전환점이다. 3월 트럼프 정부는 미국으로 수출하는 중국 상품에 대한 관세를 대폭 올린다. 무역전쟁의 막이 오른 것이다. 7월엔 미 국회가 중국으로의 과학기술 수출을 통제하는 법안을 통과시키고, 8월엔 국방부가 중국을 '도전자'로 규정한다. 미 국회는 또 '대만 여행법'을 통해 미국과 대만의 정부 관리 간 교류를 허용한다. 중국이 최대로 민감하게 반응하는 대만 문제에 미국이 손을 대기 시작한 것이다.

미국의 태도는 왜 바뀌었나. 이에 대한 중국 관방의 해석은 중국이 부상하니 미국이 패권 유지를 위해 중국 억제에 돌입했다는 것이다. 따라서 현재의 갈등과 관련해 중국은 잘못이 없다는 논리다. 『예정된 전쟁』의 저자 그레이엄 엘리슨도 비슷한 입장이다. 과연 그런가?

꼭 그렇지만은 않다. 중국의 부상은 어제오늘의 일이 아니다. 미국이 자신의 패권 유지를 위해 중국을 억제하려면 일찌감치 했을 것이란 분석 또한 많다. 그보다는 '시진핑의 중국'을 더는 두고 볼 수 없다는 인식이 커진 탓이다.

2017년 10월 시진핑은 19차 당 대회에서 총서기 연임에 성공하며 "세계에서 발전을 바라면서도 자신의 독립성을 유지하려는 국가와 민족에게 중국 지혜와 중국 방안을 제공하겠다"라고 외친다.

중국 방안이 무엇인가. 독재 체제를 유지하면서 경제를 발전시키는 걸 말한다. 미국의 민주주의 체제에 정면으로 반기를 든 셈이다.

미국기업연구소의 마이클 베클리와 할 브랜즈가 공저한 『중국은 어떻게 실패하는가Danger Zone』에 따르면 세계 각국의 독재자들은 중국의 이념을 좋아하지 않더라도 중국의 방법론만큼은 갖기를 원한다. 이런 수요를 간파한 중국의 기업들은 이미 세계 80개 이상의 국가에 감시 시스템을 판매하는 데 성공했다.

소련이 해체되자 프랜시스 후쿠야마는 '역사의 종언'을 주장했다. 그러나 시진핑은 "소련의 역사만 끝났다", "역사는 아직 끝나지 않았다"라고 외친다. 권위적인 사회주의 체제가 민주적인 자본주의 체제를 앞설 수 있다고 말한다. 그리고 그런 중국의 경험을 이제 세계에 수출하겠다는 거다.

민주와 인권을 가치로 삼는 미국으로선 용납하기 어렵다. 시진핑의 중국은 그저 국력만 키우는 게 아니다. 미국과 이데올로기 경쟁에 나선 것이다. 사실상 냉전 시기 미·소 간의 체제 대결과 다를 바 없다.

미국 등 서방이 그동안 중국에 가졌던 기대, 즉 경제가 발전하면 정치 또한 민주화될 것이란 희망은 철저하게 부서졌다. 중국의 세계무역기구WTO 가입을 도우며 중국의 발전이 곧 세계의 발전이라고 생각했던 미국은 괴물을 키우고 있었던 셈이다.

더욱이 시진핑은 2018년 3월 헌법 수정을 통해 종신 집권의 발판을 마련했다. 앞서 중국의 지도자들은 10년 주기로 교체됐으나 시진핑은 국가주석 3연임을 제한하는 규정을 없앴다. 시진핑이 최소 20년 이상은 집권할 것이라는 전망이 우세하다. 앞으로 오랜 기간 중국이 변할 가능성이 희박해진 것이다. 이게 바로 미국이 중국 때리기 본격화에 나선 주요 이유다.

그래도 시진핑은 강경하다. 2018년 6월 제임스 매티스 미 국방장관을 베이징에서 만났을 때 시진핑은 "광대한 태평양은 중·미 양국은 물론 다른 국가도 담을 수 있다"라고 또다시 말한다. 이어 "조상이 물려준 땅은 일촌一寸, 약 3.3cm도 잃을 수 없다"라며 날 선 입장이었다. 그해 11월 키신저와의 회견에서는 "현재 세계는 100년 만의 대변화 국면百年未有之大變局에 직면해 있다"라는 의미심장한 말을 던진다.

어떤 변화인가. '동쪽은 올라가고 서쪽은 내려간다東昇西降'라는 것이다. 동쪽은 중국을, 서쪽은 미국을 위시한 서방을 가리킨다. 19세기 말 청의 이홍장李鴻章은 "세계가 3,000년 동안 보지 못한 큰 변화를 겪고 있다"라고 한탄했다. 서구 열강의 침략으로 중화 제국이 몰락하는 걸 개탄한 말이다. 한데 시진핑은 이제 이홍장의 말을 패러디 해 중국은 오르고 서방은 내리는 100년 만의 대변화가 일고 있다고 말한다.

아무튼 2018년 시작된 무역전쟁은 곡절 끝에 2020년 1월 1단계 무역 협의에 도달한다. 미국에 유리하게 된 것으로 트럼프는 서명식에 참석했으나 시진핑은 가지 않는다. 대신 경제 책사 류허劉鶴를 미국에 보낸다. 불만의 표시다.

바로 이때 인류의 비극 코로나19가 중국 우한에서 폭발한다. 중국은 초기에 적지 않은 희생을 치렀지만 강력한 사회 통제로 안정을 되찾았다.

반면 미국은 걷잡을 수 없는 혼란에 빠져 수십만 명의 사망자를 낸다. 이 여파로 트럼프는 재선에 실패하고, 트럼프 지지자들의 의사당 난입과 같은 민주주의의 혼란이 야기된다.

이를 보며 시진핑은 갈수록 사회주의 체제의 우월성이 명백해지고 있다고 확신하게 된다. 그래서인가. 2021년 바이든 정부 들어 시진핑 정권은 더욱 대담해졌고, 미·중 갈등은 더욱 격화된다.

2021년 3월 바이든-시진핑 정부의 첫 고위급 접촉인 블링컨 미 국무장관과 양제츠楊潔篪 정치국 위원 간 알래스카 회담이 좋은 예다.

양제츠는 작심한 듯 "미국은 높이 앉아 내려다보듯 말할 자격이 없다. 중국에 이런 수법은 통하지 않는다"라며 무려 17분간 미국 성토 발언을 이어간다. 또 회담 후 중국은 정식 발표문을 통해 미국과 이데올로기 및 정치제도와 관련해 논쟁을 벌였음을 밝힌다. 1960년대 후반 중·소 이념논쟁의 판박이다.

2021년 11월 시진핑은 바이든과의 통화에서 "지구는 충분히 커서 중·미 양국의 공동 발전을 포용할 수 있다"라고 말한다. 트럼프 때는 태평양 반반을 나누자고 하더니 이제는 지구촌을 가르자는 이야기다.

또 대만 문제와 관련해선 "불장난하면 제 불에 타 죽는다玩火者必自焚"라고 경고한다. 거칠기 짝이 없다.

"역사는 공정하다. 한 정치가의 행위는 시비와 공과를 떠나 역사가 모두 기록한다. 대통령 선생은 정치 지도력을 발휘해 미국의 대중 정책이 이성적이고 실용적인 궤도로 돌아올 수 있게 하기를 바란다."

바이든에게 역사가 보고 있으니 제대로 행동하라는 말인데 거의 훈계와 다를 바 없다.

그런데 이보다 조금 앞선 2021년 1월 미국의 대중 전략에 대한 새로운 선언과도 같은 문건이 나온다.

미 싱크탱크 애틀랜틱 카운슬이 내놓은 '더 긴 전보電報, The Longer Telegram-미국의 새로운 대중 전략을 향하여'가 그것이다. 1946년 조지 케넌이 소련에 대한 미국의 새 전략을 건의하며 '긴 전보'라고 한 데 착안해 이름을 '더 긴 전보'라고 했다.

이 글은 미국의 대중 전략은 반드시 그 목표를 시진핑 개인에게 맞춰야 한다고 주장한다. 왜냐하면 '21세기 미국의 도전은 시진핑이 이끄는 전제적인 중국의 굴기에 기인하기 때문'이라는 거다.

시진핑 치하의 중국이 미국을 위시한 자유 국제질서의 근본적인 변화를 꾀하고 있기에 시진핑은 미국은 물론 민주 세계 전체의 도전이 되고 있다는 것이다. 따라서 미국의 대중 전략 목표는 중국 공산당 전복이 아니라 지도자 교체에 맞춰져야 한다고 주장한다. 중국을 시진핑 집권 이전인 2013년 이전의 길로 돌려놓아야 한다고 한다. 이 목표는 중국 안에 시진핑에 분노하는 많은 이들이 있어 가능하다고 말한다. 또 미국은 반드시 양당이 하나가 돼 앞으로 30년 동안은 시진핑 교체를 시급한 일로 다뤄야 한다고 강조한다.

우신보吳心伯 중국 푸단復旦대 교수는 그래서인지 바이든 정부가 집권 1년 때인 2021년엔 중국을 고립시키기 위한 동맹 강화에 나섰고, 2022년부터는 중국에 대한 외교 압박, 경제 고립, 기술 봉쇄, 군사 위협에 나서고 있다고 분석한다.

그렇다면 이에 대한 시진핑의 대응은 뭔가. 크게 세 가지다.

첫 번째는 미국에 대한 대응으로 미국과 어깨를 나란히 하기 위해 절대 물러서지 않겠다는 것이다. 시진핑은 2022년 11월 인도네시아 발리에서 바이든과 회담할 때 "넓은 지구는 완전히 중·미의 각자 발전과 공동 번영을 담을 수 있다"라고 말했다. 또 2023년 6월 베이징을 찾은 블링컨에게도 같은 말을 반복했다. 지구촌을 미국과 나누자는 생각에 변함이 없는 것이다.

시진핑은 그러면서도 중국은 미국을 대신할 생각이 없다고 말한다. 앞뒤가 맞지 않는다. 시진핑은 오바마 정부와 트럼프 정부, 그리고 바이든 정부에 이르기까지 자신이 상대하는 미국의 모든 정부에 한결같이 중국과 미국이 신형대국관계를 건설해야 한다고 말하고 있다. 과거 '불충돌', '불대항'이 최근엔 '평화공존'이라는 한 단어로 수렴되는 등 일부 세세한 표현만 시기에 따라 바뀌고 있을 뿐이다.

두 번째 대응은 미·중 갈등 사이에 낀 나라를 상대로 한 것으로 각국에 "전략적인 자주권을 가지라"고 호소하고 있다. 이는 한국에도 요구하고 있는 내용이다. 속뜻은 미국 편에 서지 말라는 것이다. 중국은 이와 함께 일대일로육상 및 해상 실크로드 구상을 이용해 지구촌에서 자신의 우군을 늘리려 한다. 미국의 동맹에 맞서기 위한 전략이다.

세 번째는 중국 국내에 관한 것인데 이미 오래전부터 미국과의 장기전에 대비하는 모양새다. 미국의 경제적 압박에 맞서 국내 소비부터 살리는 쌍순환 전략이 그렇고, 개혁개방 대신 폐관쇄국도 괜찮다는 선전을 하는 것도 그런 대응의 일환이다. 또 식량과 에너지 비축도 대만 문제를 사이에 두고 미국과 극한 대립을 펼쳐야 할 때를 대비한 것이다. 시진핑 시기 들어 농촌에 공소사를 부활시키고 도시엔 공공식당을 만드는 것도 양안兩岸 전쟁을 염두에 둔 게 아니냐는 추측을 불러일으킨다.

시진핑은 최근 미국과의 싸움과 관련해 두 가지 변화를 보인다. 과거 영국 파이낸셜 타임즈에 "중국은 북한을 버려야 한다"라는 글을 썼다가 학습시보學習時報에서 쫓겨난 뒤 미국에 체류 중인 덩위원鄧聿文에 따르면 첫 번째 변화는 중국이 미국에 더는 환상을 갖지 않고 있다는 것이다. 양국 관계가 계속 추락해 결렬 수순을 밟을 수도 있다는 심리적 대비를 하고 있다고 한다. 그 결과 워싱턴의 조치에 더욱 강경하게 대응하며 미국과의 충돌 수준이 올라가는 것을 겁내지 않는다.

두 번째 변화는 중국은 중국의 길을 가겠다는 것이다. 이에 따라 중국은 세계질서 구축과 관련해 더는 미국의 눈치를 보지 않고 중국식을 고집한다. 미국의 세계질서 주도권에 도전하는 양상이다. 이를 볼 때 두 대국 간 타협의 가능성은 별로 보이지 않는다.

한 가지 다행인 건 미국과 중국 모두 직접적인 충돌은 손해라고 인식하고 있다는 점이다. 서로 상대를 압도할 수 없는 상태에서 대결이 벌어지면 '적군 1,000명 사살에 아군 손실도 800명殺敵一千 自損八百'의 상황이 될 가능성이 크다는 것이다. 그래서 바이든이나 시진핑 모두 양국의 분쟁이 충돌로 이어지는 최후의 상황은 막으려 한다. 양국 간 군사 접촉 시도는 그래서 나온다.

결국 미·중 갈등은 장기전이다. 미국이 볼 때는 시진핑이 물러나야 하고, 시진핑 입장에선 미국을 넘어서야 한다.

미국과의 장기전이 중국 인민에게는 힘들고 괴로운 일이지만, 시진핑 입장에선 자신의 집권 위치를 강화하는 기회이므로 그리 나쁜 것만도 아니다.

이 같은 미·중 갈등의 본질을 헤아려 우리의 나아갈 길을 정함에 있어 으뜸은 국론 통일일 것이다. '더 긴 전보'가 요구한 첫 번째도 미국 의회의 의견 통일이었다.

'4'자로 풀어보는 미·중 경쟁

중국 정치 외교 분야에서 중화권 최고의 학자 중 한 명으로 꼽히는 정융녠鄭永年 홍콩중문대 글로벌 및 당대 중국 고등연구원 원장은 2021년 미국의 대중 정책을 '4분四分'과 '4전四全'으로 설명했다.

4분은 미국이 중국을 상대로 구사하는 '4개 분열分化' 책략을 뜻한다. 중국 공산당과 중국 인민 간의 분열, 중국 공산당과 중국 공산당 집단지도체제 사이의 분열, 한족漢族과 소수민족 간의 분열, 중국 대륙의 중국인을 뜻하는 '중中'과 해외 및 홍콩·마카오·대만에 거주하는 화인華人을 의미하는 '화華' 사이의 분열을 가리킨다.

4전은 전全 정부, 전 사회, 전 방위, 전 세계적으로 역량을 동원해 중국과의 경쟁에 나서고 있다는 것이다.

4분이 중국의 내부 분열을 꾀하는 것이라면, 4전은 외부와 연대해 중국을 누르기 위함이다.

정융녠은 미·중 관계도 4가지 측면에서 봐야 한다고 한다.

첫째, 미·중은 이미 전면적인 경쟁 시대에 진입했으며 여기엔 협력과 경쟁, 대항과 충돌의 4개 요소가 다 있다.

둘째, 미국은 중국이 진정한 해양 대국이 되는 걸 막고자 한다.

셋째, 대만 문제는 미·중 전쟁의 도화선이 될 수 있다.

넷째, 미국은 이미 '포스트 키신저 사고'에 들어갔다. '키신저 사고'에선 세계를 미-중-러의 삼각 구도로 본다. 그러나 이제 러시아는 미국에 골칫거리는 될지언정 위협은 되지 않는다. '포스트 키신저 사고'는 인도가 러시아를 대신해 미-중-인의 삼각 구도를 이루는 걸 말한다.

중국의 대응에도 4개 대책이 있다고 한다.

첫째, 미국과 경쟁하거나 협력할 리스트를 세세하게 만들어야 한다.

둘째, 더 큰 개방으로 세계의 자본을 중국으로 흘러 들어오게 해 미국의 힘을 분산시켜야 한다.

셋째, 미-중-러의 옛 사고에 연연하지 말고 인도를 중시해야 한다.

넷째, 대만 문제는 단기적 도전이고, 남중국해 문제는 장기적인 도전임을 깨달아야 한다.

정융녠의 분석을 보면 미·중 모두 상대 또는 상대 진영을 분열시켜 그 힘을 약화하는 데 방점을 두고 있음을 읽을 수 있다. 적전敵前 분열만큼 위험한 게 없다는 걸 역으로 말해준다. 쪼개지는 자가 지는 것이다.

2장

중국 통일의 대업
이룰 수 있나

중국 정치에서 '영수領袖'가 갖는 의미는 특별하다. 당권이나 군권을 장악했다고 부여되는 호칭이 아니다. 모든 중국인이 마음속에서 우러나 따르는 지도자라는 뜻이 담겼다. 중국 현대 역사에서 영수 타이틀은 오직 두 명의 지도자에게만 정식으로 부여됐다. 마오쩌둥과 그의 후계자 화궈평華國鋒이다. 마오는 '위대한 영수偉大領袖', 화는 '영명한 영수英明領袖'라 불렸다.

마오를 넘어 불세출의 영웅을 꿈꾸는 시진핑이 탐하지 않을 수 없는 호칭이다. 눈치 빠른 시진핑의 수하들이 가만히 있을 리 없다. 몇 해 전부터 앞다퉈 부르기 시작한 게 바로 '인민의 영수人民領袖'다. 그러나 아직 공식 타이틀이 되지는 못했다. 마오의 '중화인민공화국 건국'과 같이 세상에 내놓을 업적이 그리 뚜렷하지 않은 탓이다.

시진핑이 제시한 비전인 중국몽, 즉 미국을 넘어 세계 최강의 국가로 중국을 일으켜 세우면 인민의 영수로 불려도 부끄럽지 않을 것이다. 그러나 이는 아무리 빨라도 21세기 중엽이 목표다. 지금 이 시점에서 당장 이루기는 어렵다.

그래서 모든 이가 시진핑이 가까운 기간 달성할 수 있는 업적으로 주목하는 게 있다. 중국의 완전한 통일 대업 달성이다. 이는 바로 대만 문제 해결을 의미한다.

1949년 마오에 패한 장제스가 대만으로 넘어간 이후 70년 넘게 풀지 못한 난제다. 마오는 '무력에 의한 대만 해방'을 추구했지만, 덩샤오핑은 '일국양제一國兩制, 한 나라 두 체제와 평화통일'을 내세웠다.

한데 시진핑 시기 들어 최근 중국이 대만 침공을 통한 양안兩岸, 중국과 대만 문제 해결 여부가 초미의 관심사로 떠오르고 있다.

크게 세 가지 배경이 있다. 우선 미·중 관계 악화다. 미국의 중국 때리기가 심화하며 대만 카드를 흔들고 있다는 이야기가 나온다. 이에 자극을 받은 중국이 홍콩 사태에서 보여준 것과 같이 대만에 대한 무력 사용도 불사할 수 있다는 전망이다.

두 번째는 러시아의 우크라이나 침공이다. 따라서 중국도 대만 침공을 하지 못할 것 없다는 관측이다.

마지막으론 시진핑의 집권 연장 야심이다. 헌법을 수정해 3연임에 성공한 시진핑이지만 2027년 네 번째 연임을 위해선 명분이 필요하다. 대만 통일만큼 매력적인 건 없다. 실제 중국의 대다수 인민은 시진핑이 통일 대업 달성을 위해 계속 집권하고 있다고 생각한다. 통일을 평화적으로 이루는 날은 기약할 수 없다. 결국 무력에 의한 대만 해방 이야기가 나올 수밖에 없는 것이다.

마잉주馬英九 전 대만 총통은 2023년 6월 "전쟁을 피하는 건 불가능하다고 생각한다"라며 그저 "언제, 얼마나 크게 싸울지는 양측의 대처에 따라 달라질 것"이라고 말했다. 싸움은 벌어지게 돼 있고, 이제 남은 건 시기와 규모 정도라는 것이다. 양안 전쟁은 중국이 말하는 것처럼 중국 내부의 일로 끝날 문제가 아니다. 미국과 일본은 물론 한국도 자유롭지 않다. 우리 운명과도 직결되는, 정신 똑바로 차리고 봐야 할 문제다.

2년 전부터 경고음이 나오기 시작했다. 2021년 3월 필립 데이비드슨 미 인도태평양사령부 사령관이 "대만은 중국이 야심 차게 노리는 목표고, 그 위협은 향후 6년 안에 분명해질 것"이라고 한 말이 기폭제가 됐다. 그가 언급한 '향후 6년'은 2027년을 가리킨다. 중국인민해방군 건군 100주년인 동시에 시진핑 4연임이 결정되는 해다.

중국군의 이름은 여전히 '해방군'이다. 1950년대 한때 '국방군'으로의 개칭을 추진했으나 당시 누군가가 아직도 대만을 해방하지 못해 해방군의 역사적 사명을 다하지 못했다는 반론을 제기했고, 이에 따라 지금까지 인민해방군으로 불리고 있다. 2027년 8월 1일은 해방군 건군 100주년의 날로 그때까지는 역사적 역할을 완수하자는 정서가 중국에 팽배해 있다.

2022년부터는 중국의 대만 침공을 경계하는 목소리가 한층 더 커졌다. 그해 7월 윌리엄 번스 미 중앙정보국CIA 국장이 "중국이 대만에 무력을 사용할 가능성이 있다"라며 "우크라이나를 침공한 러시아를 지켜보며 그 시기와 방법을 정할 것"이라고 말했다.

두 달 뒤인 9월 미 싱크탱크인 전략국제문제연구소CSIS가 실시한 양안 문제 전문가 조사에선 63%가 앞으로 10년 내 중국의 대만 침공을 전망했다.

10월엔 번스 국장이 "시진핑이 2027년까지 대만을 공격할 준비를 끝내라는 지시를 군에 내렸다"라고 밝혔다.

비슷한 시기 대만의 쑤치蘇起 타이베이포럼기금회 이사장은 "5~10년 사이 중국이 대만을 침공할 것"이라고 주장했다.

2023년 들어서도 중국의 대만 침공 가능성은 꾸준히 제기되고 있다. 1월 우자오셰吳釗燮 대만 외교부장은 "중국의 대만 침공 가능성이 더 커졌으며 시기는 2027년이 될 수 있다"라고 말했다.

6월엔 미 하원의 '미국과 중국 공산당 간 전략경쟁에 관한 특별위원회' 위원장인 마이크 갤러거가 "중국과 대만의 무력 충돌이 2027년보다 훨씬 이전에 일어날 가능성이 있다"라고 말하기도 했다.

2027년 전후로 언제든지 전쟁이 터질 수 있다는 전망이 난무하는 것이다.

그 근거도 다양하게 거론된다. 앞서 말한 이유 외에도 우자오셰 대만 외교부장은 중국 국내 상황을 한 원인으로 제시한다.

"지금 중국 상황을 보면 경제는 안 좋아지고 사람들은 행복하지 않으며 부동산은 붕괴하고 있다. 시진핑이 국내 상황을 바꿀 수 없으면 무력을 사용하거나 외부에서 위기를 조장해 관심을 돌리거나 국민에게 자신의 업적을 보여주려고 할 것"이라며 "대만이 희생양이 될까 걱정스럽다"라고 말한다.

1989년 천안문 사태의 주역인 왕단王丹의 분석은 우자오셰와 비슷하면서도 독특한 측면이 있다.

왕단에 따르면 천안문 사태 이후 중국 공산당은 인민과 묵계를 맺었다. 공산당이 경제성장을 보장하는 대신 백성은 공산당의 통치에 복종한다는 것이다. 그러나 현재 중국경제의 쇠퇴에 따라 공산당은 통치 위기를 맞았다. 이에 따라 공산당은 엄격한 사회 통제를 해야 하는데 이는 전쟁만이 가능하게 한다는 것이다.

왕단은 "중국 공산당은 대만 공격이 실패할 것임을 분명하게 안다. 그래도 대만을 때려야 한다. 목적은 대만에 있는 게 아니다. 대만은 당연히 재수 없는 신세가 된다. 이용당하는 것이다. 중국 공산당의 진정한 목적은 군사 통제를 하기 위해서다"라고 말한다.

한편 미국으로 건너간 덩위원은 조금 다르게 설명한다. "시진핑은 매일 대만 통일을 생각한다고 선전했는데 정작 이를 실행에 옮기지 않는다면 중국의 민족주의자들이 대만 문제에 대해 아무것도 안 하는 시진핑을 받아들일 수 없다"라는 것이다. 시진핑의 집권 이유가 사라지는 위험에 처할 수 있다고 말한다.

그러나 중국이 대만을 침공하지 못할 것이란 주장도 만만치 않다. 2020년 5월 중국 내 매파로 분류되는 군사 전략가가 말하는 대만 침공 불가 논리도 탄탄하다.

차오량喬良 중국 국방대학 교수는 "지금은 무력으로 대만을 회복할 때가 아니다"라고 말한다. "중국의 궁극적 목표는 대만 통일이 아니라 민족 부흥의 꿈을 이뤄 14억 중국인 모두가 행복한 삶을 살 수 있게 하는 것이다. 대만 통일을 통해 이것을 이룰 수는 없다"라고 주장한다. "대만 문제는 본질적으론 미·중 간 문제"로 "이 대결에서 승부가 나지 않는 한 대만 문제를 완전히 해결할 수는 없다"라는 이야기다.

대만 단장淡江대학 양안관계 연구센터 주임인 장우웨張五岳 교수는 중국의 대만 침공은 없다고 딱 잘라 말하는 학자다. 장우웨는 시진핑의 권력이 이미 매우 공고한 상태여서 4연임을 위해, 또는 건군 100주년의 해방군 목표를 위해 전쟁을 일으킬 필요는 없다고 말한다. 오히려 중국 공산당이 2021년 11월 '제3차 역사결의'를 통해 내놓은 '신시대 당黨의 대만 문제 해결 총체 방략方略'을 주목해야 한다고 주장한다. 이 방략에 따르면 "대만 문제 해결은 국가발전 전략 및 민족의 위대한 부흥과 서로 결합하는 것으로 대만 문제 해결 자체만을 위한 대만 문제 해결이란 없다"라는 것이다. 달리 말하면 "대만 문제 해결이 국가의 발전과 민족의 부흥에 부정적인 영향을 줘서는 안 된다"라는 이야기다. 장우웨는 또 "시진핑의 역사적 지위는 창당 100주년에 나온 역사결의 때 이미 이뤄졌다"라며 대만 통일과는 상관이 없다고 말한다.

대만 정보기관인 국가안전국NSB의 차이밍옌蔡明彦 국장 역시 2023년 7월 "중국이 대만을 공격할 능력이 없다"라고 잘라 말했다. "중국은 전쟁을 개시할 능력이 부족하고 전면적인 상륙작전이 쉽지 않다"라며 "설사 능력을 갖추더라도 우크라이나 전쟁에서 보듯 전쟁이 계획한 시나리오대로 흘러간다는 보장은 없다"라는 것이다. 중국의 최근 무력 시위는 "침략이 아닌 일종의 위협"으로 대만의 민심을 흔들려는 심리전이라고 그는 분석한다.

이렇게 중국의 대만 침공과 관련해 갑론을박이 전개 중일 때는 당사자인 중국과 대만이 실제 어떤 준비를 하고 있는지 살펴볼 필요가 있다.

　결론부터 말하면 지극히 우려된다.

　먼저 중국의 최근 행보를 보자. 2023년 1월 말 글로벌 기밀을 전문적으로 다루는 프랑스 매체 '인텔리전스 온라인'에 따르면 중국은 대만 침공 후 닥칠 국제 제재에 견디기 위해 이미 전략 마련에 착수했다.

　중국 싱크탱크인 사회과학원은 역사학자와 경제학자를 모아 특별 연구팀을 만들었다. 경제학자들은 중국이 국제적으로 고립될 때 중국 자체 경제시스템으로 국민의 생활을 유지할 수 있게 하는 임시 전략 수립 임무를 받았다. 역사학자들에겐 명청 시기의 폐관쇄국을 재평가하는 임무가 주어졌다. 국가의 안보와 주권을 지키기 위해선 나라의 문을 닫아도 된다는 정당성을 역사에서 끌어낼 목적이다.

　2023년 2월 말 중국은 대만과 마주한 푸젠성과 상하이 등에 '국방동원판공실'을 잇따라 설치했다. 국방동원은 국가의 주권과 안보 등을 위해 인력이나 물자 등을 동원하는 걸 말한다. 4월 중순엔 전시의 징병 규정을 명문화했다. 최근 개정한 '징병공작 조례'에 '전시 징집' 규정이 새롭게 들어간 것이다. 전시 필요에 따라 퇴역 군인 등 일반 시민을 현역으로 징집하기 위한 조건과 방법 등을 적시했다.

7월 6일엔 시진핑이 대만을 관할하는 인민해방군 동부전구를 찾아 "실전 군사훈련을 하며 싸워 이기는 능력을 높이는 데 박차를 가하라"라고 지시했다. 이외에도 중국이 농촌을 중심으로 건설 중인 농산물 수매와 판매 중심인 공소사나 도시에 만드는 공공식당 등의 움직임도 예사롭지 않다. 이런 모든 게 전시 상황을 대비한 것으로도 해석될 수 있기 때문이다.

대만 역시 전쟁 대비에 부산한 모습이다.

우선 2018년부터 시작된 모병제로 인해 부족해진 병력을 어떻게 보충하느냐로 고민 중이다. 20만 명 정도의 현역으론 270만 중국군을 상대하기 역부족이다. 현재 4개월인 의무복무 기간을 1년으로 연장하는 방안도 거론된다. 그런가 하면 리시밍李喜明 전 대만군 참모총장은 "대만 시민을 무장시키고 우크라이나의 국제 의용군과 유사한 의용군을 창설해야 한다"라고 주장한다.

대만 국방부는 2023년 6월 중순 국방대응 매뉴얼 개정에 나섰다. 전쟁 발생 시 아군과 적군을 어떻게 구별하고 통신 두절 시엔 어떻게 대처하며 부상 시 의료 구조는 어떻게 하는지 등 기존 23페이지에 불과하던 매뉴얼을 두 배가 넘는 47페이지로 제작했다. 특히 전쟁 발발 시 물과 비상식량, 회중전등, 모포 등 '개인 긴급피난 가방'을 준비할 것을 촉구했다. 양안 움직임을 보면 이

미 대대적인 무력 강화에 나선 군의 준비는 차치하고, 민간도 전쟁을 상정해 대비에 나서고 있음을 알 수 있다.

여기서 정작 궁금해지는 건 시진핑의 생각이다. 대만해협에서 전쟁이 벌어진다면 이는 결국 시진핑의 결심에 의한 것이기 때문이다.

중국 외교부가 대만 문제에 대한 시진핑의 중요 연설이라며 몇 가지를 소개한 게 있는데 이를 통해 시진핑 생각의 단면을 읽을 수 있을 것 같다.

시진핑의 2017년까지 연설은 대만 독립을 추구하는 세력을 억제하는 데 초점이 맞춰져 있다.

"대만 독립 분열 세력에 반대한다. 피는 물보다 진하다血濃於水. 양안은 한 가족이다兩岸一家親"라는 감성적인 호소에 치중하고 있다. 이때까지만 해도 외부세력의 개입에 반대한다는 말은 없다.

한데 미·중 간 무역전쟁이 터진 2018년 이후부터 시진핑의 말에 날이 서기 시작한다. 2019년 1월 '대만 동포에 고하는 글' 발표 40주년을 기념하는 연설이 대표적이다.

시진핑은 "중국인의 일은 중국인이 결정해야 한다"라며 "어떤 외부의 간섭도 허용할 수 없다"라고 말한다. 여기서 '외부'는 물론 미국이다. 시진핑은 이와 함께 "양안 간 장기적으로 존재하는 정치 분기分岐 문제를 대대손손 물려줄 수는 없다"라며 "무력 사용

포기를 약속할 수 없다"라고 말한다. 긴장의 수위를 확 끌어올리며 대만을 침공할 수도 있겠다는 인식을 외부에 심어준 것이다.

그래서인가. 2022년 11월 영국 BBC 중문판은 대만이 가장 위험한 때로 2024년 3~11월을 꼽았다. 대만 총통선거2024년 1월 13일가 끝나고 미국 대선2024년 11월 5일이 치러지기 전에 중국이 대만 침공에 나설 가능성이 크다는 것이다. 이런 가운데 2023년 6월엔 미국이 중국의 대만 침공 시 대만에 거주하는 약 8만 명의 미국인을 철수시키는 계획 수립에 들어갔다는 보도가 나오기도 했다.

전쟁이 터질지 아닐지는 아무도 모른다. 신의 영역일 것이다. 그러나 인간계의 중국이나 대만, 미국 등은 모두 준비에 바쁘다. 차오량 중국 국방대 교수가 말했듯이 양안 전쟁은 중국과 대만 간의 전쟁만은 아니다. 미국의 개입은 정도의 차이만 있을 뿐 필연적으로 관측된다.

전쟁이 나면 미국이 우크라이나에 한 것처럼 무기만 제공하고 말 것이라고 보는 대만 사람이 40%에 달한다고 한다. 미국이 병력을 보낼 것이라고 믿는 사람은 10%에 불과했다.

물론 차이잉원 대만 총통은 미국의 지원을 믿는다. 중국은 적어도 우크라이나 전쟁 때보다는 미국이 더 강도 높게 개입할 것으로 본다.

일각에선 우크라이나 전쟁의 교훈으로 중국이 섣불리 행동하지 못할 것이라고 한다. 그러나 중국이 정작 우크라이나 전쟁에서 얻은 교훈은 러시아가 개전 초기 병력을 너무 적게 보내 문제를 자초했다는 것이다. 따라서 중국은 양안 전쟁이 터지면 막대한 병력을 쏟아부을 것이란 전망이다. 인적 자원에서 중국을 따라갈 나라는 인도 말고 없기 때문이다.

전쟁은 대의명분을 차치하고 인류의 비극이다. 억제돼야 마땅하다. 그러나 안 일어난다는 보장은 절대 없다. 우리로선 양안 평화를 지키기 위한 나름의 노력을 하되 만일의 사태에 대비하는 자세가 절실하다.

크게 세 가지 방면에 대한 준비가 필요하다.

첫 번째는 북한의 오판에 대한 대비다. 중국의 대만 침공에 미군이 개입하면 북한이 이때를 기회라 생각할 수도 있고, 또 중국이 미군의 전력 분산을 위해 북한을 부추길 가능성도 있다. 그런가 하면 주한미군이나 장비, 시설이 양안 전쟁에 동원되며 우리에게 화가 미칠 수도 있다. 어느 경우나 심각한 상황으로 철저한 대비가 필요하다.

두 번째는 대만 내 5,000명이 넘는 우리 교민을 안전하게 철수시키는 방안 마련이다.

세 번째는 대만해협은 남중국해와 함께 우리 수출입의 90% 이상이 통과하는 곳으로 이에 대한 대비가 긴요하다.

전쟁은 막아야 한다. 그러나 세상은 태평하지 않다.

왕신셴 대만국립정치대학 교수는 최근 양안 관계를 "산에 비가 내릴 듯하다山雨欲來"라고 말한다. 꼭 무슨 일이 터질 것 같다는 이야기다.

새겨들을 필요가 있겠다.

★ ✦ **3장**

시진핑은 언제까지
집권할 것인가

2022년 10월 제20차 전국대표대회에서 세 번째 총서기가 되고, 2023년 3월엔 세 번째 국가주석으로 선출된 시진핑이 2027년엔 과연 네 번째 총서기에 오르며 20년 집권의 서막을 열 수 있을까?

이는 그리 어려운 질문이 아니다. 무조건 그렇게 된다고 보면 된다. 시진핑을 이을 후계자가 전혀 보이지 않기 때문이다. 나는 시진핑이 20년이 아니라 25년 정도 집권할 가능성도 크다고 본다.

중국의 지도자 양성은 꽤 오랜 시간을 거친다.

시진핑이 최고 지도자로 발탁되는 과정을 보자. 시진핑 평전을 쓴 양중메이에 따르면 중국 공산당 지도부는 1995년 미래의 후계자 기준을 마련했다. 1997년 15차 당 대회가 열리기 2년 전인데 이때 벌써 2002년 16차 당 대회 때 지도부에 입성할 재목 고르기에 나선 것이다. 기준은 당성이 강하고, 업무 능력이 있으며, 청렴하고 특히 16차 당 대회 개최 때 50세 이하여야 했다.

이런 잣대에서 시야에 들어온 게 공산주의청년단共青團 제1서기인 40세 리커창과 푸젠성 당 부서기인 42세 시진핑이었다. 그래서 15차 당 대회 때 리커창을 당 중앙위원, 시진핑은 중앙후보위원으로 만든다. 이처럼 지도자 양성은 오랜 시일에 걸쳐 이뤄진다. 한데 시진핑 집권 이후 후계 구도와 관련해 가장 눈에 띄는 건 시진핑의 대를 이을 인물이 전혀 배양되지 않고 있다는 점이다.

장우웨 대만 단장대학 교수는 시진핑의 뒤를 이으려면 적어도 세 가지 직책을 동시에 갖고 있어야 한다고 말한다.

첫 번째는 당 최고 지도부의 업무가 어떻게 돌아가는지 훤히 꿰기 위해 당 중앙서기처 상무 서기가 돼야 한다. 보통 서열 5위의 정치국 상무위원이 그런 자리를 맡는다. 이는 서열 1위 국가주석, 2위 총리, 3위 전국인민대표대회 상무위원장, 4위 인민정치협상회의政協 주석 다음의 자리에 해당한다.

두 번째는 국가부주석이 돼야 한다. 5년 후엔 중국을 대표하는 국가주석이 돼야 하므로 미리 예행 연습을 하는 것과 같다.

세 번째는 "권력은 총구에서 나온다"라는 마오쩌둥의 유명한 말이 있듯이 무력 장악을 위해 중앙군사위 부주석에 올라 있어야 한다.

장우웨가 거론하지 않은 한 가지 직책을 더 들면 중앙당교 교장 자리다. 당교는 정치 간부가 양성되는 곳으로 교장으로서 이들과 사전 네트워킹을 단단히 해야 한다.

장쩌민을 이은 후진타오나, 후진타오 다음의 시진핑이나 모두이 네 자리에 올라 후계자 수업을 받았다.

그러나 시진핑 집권 이후엔 이들 직책을 한 사람이 갖는 경우가 없다. 모두 다르다.

만일 시진핑이 2027년 가을 21차 당 대회에서 대권을 물려줄 생각이 있다면 이미 위의 네 자리를 동시에 차지하고 있는 사람이 존재해야 한다. 그러면 그는 황태자를 뜻하는 '추쥔'으로 불릴 것이다.

하지만 그런 인물은 없다.

현재 중앙서기처 상무 서기는 정치국 상무위원으로 서열 5위인 차이치다. 1955년생인 차이치는 시진핑의 후계자가 아니다.

두 번째 직책에 해당하는 국가부주석은 현재 한정韓正이 맡고 있다. 한정 역시 1955년생으로 지난 19차 당 대회 때 서열 7위의 정치국 상무위원이었다가 이번에 한직 비슷하게 밀려난 경우다. 권력 승계와는 전혀 관계가 없다.

세 번째 자리인 중앙군사위 부주석엔 72세의 장유샤張又俠와

66세의 허웨이둥何衛東이 올라 있다. 나이도 그렇고 모두 직업 군인으로서 시진핑의 뒤를 잇는다는 건 가당치도 않다.

그럼 중앙당교 교장은 누구인가. 시진핑의 칭화대학교 동갑내기 친구인 천시陳希 다.

이를 볼 때 시진핑이 자신의 세 번째 5년 임기를 하고 있으면서도 후계 문제에 있어선 전혀 고려하지 않고 있음이 그대로 드러난다.

후계자 낙점은 중화인민공화국의 역사를 볼 때 결코 간단한 문제가 아니었다.

양중메이에 따르면 마오쩌둥은 후계자 선발과 양성을 공적인 측면과 사적인 측면의 두 갈래로 나눠 진행했다. 공적으로는 류사오치, 린뱌오林彪, 왕훙원王洪文, 덩샤오핑, 화궈펑 등을 선발했다. 사적으로는 아들 마오안잉, 딸 리너, 조카 마오안신毛岸新, 부인 장칭을 발탁했다.

류사오치는 이론과 실무에 능했으며 오랜 투쟁 경력으로 당내 2인자 자리는 장기간에 걸쳐 역사적으로 형성됐다는 게 양중메이의 설명이다. 마오가 직접 선발한 건 아니다. 따라서 마오는 류샤오치 제거를 위해 문화대혁명 발동과 린뱌오의 무력이 필요했다. 마오는 이후 1969년의 9차 당 대회 때 린뱌오를 자신의 후계자로 당장黨章에 명기까지 했으나 권력을 물려줄 생각은 없었다.

결국 린뱌오 실각 이후 마오는 자신의 젊을 때와 모습이 비슷한 왕훙원을 선택한다. 농민 출신인 왕훙원은 노동자로 일했고, 군인으로 근무하기도 했으며 반골 성향을 보이는 등 마오를 상당 부분 닮았다. 그러나 결과는 신통치 않았다.

그러자 이번엔 덩샤오핑을 불러내 장칭이 후계자가 되는 걸 돕도록 했지만, 덩이 이를 거절하자 과도기 인물로 화궈펑을 택하기에 이른다. '네가 맡으면 내가 안심이다. 일이 생기면 장칭을 찾아라你辦事 我放心 如有事 找江青.' 마오가 화궈펑에게 준 쪽지에 적힌 글이라 한다.

마오는 원래 아들 안잉을 키우고 싶었으나 안잉은 한국전쟁에서 전사하고 말았다. 딸 리너는 아무리 해도 후계자 재목이 아니었고, 조카 마오안신은 인민의 기대에 전혀 부응하지 못했다. 그래서 마오는 만년에 장칭을 후계자로 삼을 수밖에 없었다고 한다.

마오 입장에서 후계자는 마오의 정치노선을 계승하고 문혁을 긍정하며 마오에 충성하는 것이었는데 마지막으로 장칭 외엔 그런 사람이 없었다는 것이다. 결국 마오 시대 후계자 인선의 가장 큰 잣대는 마오에 대한 충성 여부였다.

덩샤오핑도 후계자 문제로 애를 먹었다. 덩은 후야오방과 자오쯔양, 장쩌민 등 세 명을 후계자로 세웠고, 후진타오를 격대지정隔代指定, 한 세대를 뛰어 미리 낙점의 방식으로 선발했다.

후야오방과 자오쯔양은 덩샤오핑이 추구한 개혁개방의 오른팔과 왼팔이었으나 문제는 이들이 민주적인 정치개혁 의식을 가졌다는 점이었다. 덩이 결국 이 둘을 내친 건 공산당 일당 전제에 확신이 없다고 봤기 때문이다.

덩의 후계자 인선 기준은 크게 두 가지였다. 경제적으론 개혁개방 노선을 추진하는 것이고, 정치적으론 중국 공산당 일당 전정을 지지해야 했다.

장쩌민은 상하이 당서기를 마지막으로 은퇴 준비를 하고 있다가 후야오방과 자오쯔양이 실각하면서 갑작스레 최고 지도자로 발탁된 경우다. 과도기 지도자 정도로 여겨졌으나 특유의 정치 타협 능력으로 롱런하며 중국의 세계무역기구WTO 가입을 이끄는 등 중국을 번영으로 이끌었다.

그러면 후진타오는 어떻게 덩샤오핑에 의해 "괜찮은 젊은이"라는 칭찬을 들으며 최고 지도자로 낙점이 됐을까.

다섯 가지 이유를 꼽는다. 첫 번째는 인품이다. 후야오방 실각 시 많은 정치인이 후야오방에 등을 돌리고 비판에 나섰으나 후진타오는 후야오방에 대한 의리를 지켰다. 반면 후야오방의 도움을 많이 받았으면서도 독설을 퍼부었던 왕자오궈王兆國는 이후 당의 중점 배양 대상에서 탈락하며 정치 생명 또한 끝난다.

두 번째는 원칙으로 티베트 사태에 대한 강경 대처가 꼽혔다. 세 번째는 기층 경험이 있고, 네 번째는 구이저우貴州성 근무 등

서부 지역에 대해 잘 알았고, 다섯 번째는 50세가 안 된 '젊은이'였다.

한편 시진핑이 리커창을 제치고 1인자가 된 데는 장쩌민의 오른팔이었던 쩡칭훙의 절대적인 지원이 있었다. 홍이대 출신인 쩡은 같은 홍이대 시진핑을 세우기 위해 무진 애를 썼다.

시진핑은 1997년 15차 당 대회 때 150명까지 뽑는 중앙후보위원 인선에서 151위였다. 그러자 쩡칭훙 등 장쩌민 파벌이 나서 151위까지 중앙후보위원이 되도록 만들었다.

시진핑은 2002년 16차 당 대회 때도 중앙위원 득표에서 꼴찌에서 두 번째일 정도로 인기가 없었다. 그러자 '킹 메이커' 쩡칭훙이 17차 당 대회를 앞두고 이전에 없던 기발한 아이디어를 냈다.

『13억분의 1의 남자』를 쓴 일본 언론인 미네무라 겐지에 따르면 2007년 6월 말, 즉 17차 당 대회 개최를 넉 달 앞두고 400여 명의 중국 공산당 간부가 베이징 시내의 모처로 소집된다. 그리고 이들에겐 주황색 투표용지가 주어지는데 용지 겉면엔 '정치국원 제안을 위한 민주 추천표'라고 쓰여 있었다. 즉 17차 당 대회를 통해 정치국 상무위원으로 선발되기를 원하는 사람을 묻는 투표였는데 여기서 시진핑이 1등을 한다.

중국 내 인맥이 두 번째라면 서러워할 국가부주석 쩡칭훙이 물밑 작업을 한 결과라는 말이 돌았다. 쩡칭훙은 이 투표 결과를 갖고 시진핑을 후진타오의 뒤를 이을 차기 지도자로 민다. 당시 쩡은 "과거 덩샤오핑 동지가 총서기 자리를 장쩌민에게 물려준 건 장쩌민이 정치적으로 천부적 재질을 가졌다고 봤기에 그런 것이다. 지금 시진핑이 그렇다"라고 주장했다.

양중메이에 따르면 이때는 시진핑에 대한 평가가 괜찮았다. 첫째 시진핑에겐 혁명 세대의 후손 즉 홍이대로 당의 기대를 저버리지 않을 것이란 믿음이 있었다. 아버지 시중쉰이 개혁개방의 선봉이었기에 지속해서 개혁개방의 길을 걸을 것으로 여겨지기도 했다. 둘째 시진핑의 성격이 냉정하고 침착해 업무를 잘 처리할 것으로 기대됐다. 셋째, 저장성 당서기 시절 성적이 좋았다.

마지막이 가장 중요한데 시진핑이 나이 많은 동지들한테 인사를 잘한다는 점이었다. 이 점은 당내에 소문이 자자해 좋은 평가를 받았다.

또 중국 정치의 잠규칙潛規則인 격대지정에 따라 덩샤오핑이 장쩌민의 후계자를 지명했으니 이번엔 장쩌민이 후진타오의 계승자를 선택할 권리가 있다는 논리도 작용했다. 이외에 후진타오가 자신에게 도전하던 상하이방 천량위陳良宇 숙청을 위해 쩡칭훙의 도움을 받은 점도 한몫했다고 한다.

이처럼 시진핑 집권을 위해 중국 공산당 지도부는 오래전부터 많은 작업을 했다. 이 같은 정치적 관례에 따른다면 시진핑은 두 번째 임기를 시작하면서 정치국 상무위원회에 적어도 두 명의 정치 샛별을 올렸어야 한다. 한 명은 자신의 뒤를 이어 총서기가 될 인물을, 다른 한 사람은 총리가 돼 경제를 맡을 사람이다.

이와 관련해 후진타오의 공청단 파벌 후춘화胡春華와 원자바오 총리가 추천한 쑨정차이孫政才가 거론되기도 했다.

1963년생 동갑내기인 후춘화와 쑨정차이는 2012년 18차 당대회 때 정치국 위원으로 승진한다. 당시 25명의 정치국 위원 중 1940년대생이 11명, 50년대생이 12명이었는데 후와 쑨 둘만 60년대생으로 미래의 총서기와 총리감으로 꼽혔다. 격대지정 규칙에 따르면 이번엔 후진타오가 시진핑의 뒤를 이을 총서기 지명 권한을 갖게 돼 같은 공청단파인 후춘화가 중국의 1인자가 될 것으로 예상됐다.

그러나 여기까지였다. 중국의 지도부 교체가 10년 단위로 제도화되며 정치 안정을 가져와 중국 경제 발전의 바탕을 이루고 있다는 학계 분석은 여기서 끝난다.

임기 시작부터 장기집권의 야망을 갖고 있던 시진핑이 이 같은 구도를 흔들기 시작한 것이다. 원래대로라면 2012년 18차 당대회에서 정치국 위원이 된 후춘화와 쑨정차이는 2017년 19차당 대회 때 정치국 상무위원회에 진입해 후계자 수업을 받아야 한다. 시진핑과 리커창이 그렇게 했듯이 말이다.

그러나 19차 당 대회 개막을 석 달 앞둔 그해 7월 충칭시 당서기로 있던 쑨정차이가 실각한다. 처음엔 부패설, 불륜설 등 다양한 이야기가 나왔으나 나중에 알려진 혐의는 '국가권력 찬탈'이었다.

홍이대 출신인 중국의 정치 평론가 장리판은 이때 이미 "후춘화도 정치국 상무위원회 진입은 어려울 것"이라고 내다봤다. 장기집권을 위해 후계자를 쳐내고 있는 시진핑의 수를 일찌감치 읽은 것이다.

쑨정차이 숙청에 놀란 후춘화는 19차 당 대회 때 정치국 상무위원회 진입을 극구 고사했다고 한다. 칼을 맞지 않으려는 계산이다. 이후 낮은 자세로 업무에 임하되 입으론 시진핑 지지를 외친다.

이후 중국 정가엔 시진핑의 후계 구도와 관련해 후춘화와 함께 시진핑 측근인 천민얼陳敏爾의 이름이 돌기 시작한다. 천은 시진핑의 저장 근무 시 선전부장으로서 시진핑 선전에 앞장섰던 인물이다. 하지만 이번에도 세계의 많은 차이나 워처가 잘못 짚었다.

2022년 20차 당 대회 때 이 두 사람은 정치국 상무위원회에 진입하지 못했다. 천민얼은 정치국 위원으로 잔류했지만, 후춘화는 아예 중앙위원으로 급이 내려가며 사실상 정치 생명이 끝났다는 이야기를 듣는다. 천민얼 역시 후계자 운운으로 거론되는 걸 극구 꺼린다.

앞에서 말했듯이 현재 정치국 상무위원 중엔 시진핑의 대를 이을 인물은 없다. 또 정치국 상무위원 7명을 제외한 나머지 17명의 정치국 위원 중에서도 후계자로 양성되고 있다는 눈길을 받는 사람 역시 없다. 가장 빨라야 시진핑이 네 번째 임기를 시작하는 2027년 21차 당 대회 때 후계 구도가 나타날 것으로 보인다. 1960년대 출생을 건너뛰고 70년대생에서 후계자가 나오지 않겠나 하는 전망이 나온다.

그러려면 21차 당 대회 때 여러 명을 후계자 그룹으로 발탁하고 2032년 22차 당 대회 때 본격적인 후계자 수업을 시작할 것으로 보인다. 이 경우 시진핑은 2037년까지 25년이나 집권하는 셈이다.

현재는 장쩌민의 상하이방과 후진타오의 공청단파 모두 무너져 시진핑 파벌인 시자쥔의 천하가 됐다. 앞으론 시진핑의 후계 구도를 둘러싸고 시자쥔 내부가 분열해 경쟁하는 국면이 펼쳐질 것으로 전망된다.

우궈광吳國光 미 스탠퍼드대 중국경제·제도연구센터 연구학자는 2022년 12월 '차이나 리더십 모니터'에 발표한 글에서 시자쥔을 9개의 그룹으로 나눌 수 있다고 했다.

첫 번째는 푸젠방福建帮으로 차이치 정치국 상무위원과 허리펑何立峰 부총리, 황쿤밍黃坤明 광둥성 당서기 등이 포진해 있다.

두 번째는 저장방浙江帮으로 리창李强 총리와 천민얼 톈진 당서기가 주요 멤버다.

세 번째는 신상하이방新上海帮으로 서열 6위의 정치국 상무위원인 딩쉐샹丁薛祥 상무 부총리가 있다.

네 번째는 산시방陝西帮으로 장유샤 중앙군사위 부주석과 서열 7위 정치국 상무위원인 리시李希 중앙기율위원회 서기가 핵심이다.

다섯 번째는 군산軍産 그룹으로 기술관료 출신인 마싱루이馬興瑞 신장新疆 당서기와 위안자쥔袁家軍 저장성 당서기 등이 주요 인물이다.

여섯 번째는 시진핑의 모교 출신인 칭화방淸華帮으로 천시 중앙당교 교장 아래 천지닝陳吉寧 상하이 당서기와 리간제李干杰 산둥성 당서기 등이 있다.

일곱 번째는 시진핑의 부인 펑리위안 그룹으로 인리尹力 정치국 위원과 마싱루이 신장 당서기가 펑리위안과 각별한 관계를 맺고 있다고 한다.

여덟 번째는 중앙당교 그룹으로 여기엔 스타이펑石泰峰 통전부장과 리수레이李書磊 선전부장이 있다.

마지막 아홉 번째는 안보 그룹인데 천원칭陳文淸 중앙정법위 서기와 왕샤오훙王小洪 공안부장 등이 거론된다.

이중 군산 그룹이나 안보 그룹은 파벌 성격이 약하다. 중앙당교 그룹은 천시의 입김이 큰 그룹이다. 이렇게 보면 앞으로 시자쥔은 크게 여섯 개 파벌로 나뉠 공산이 크다. 시진핑이 과거 일한 지역에 따라 푸젠방과 저장방, 신상하이방 등 세 개의 파벌이 약진할 것이다. 시진핑 고향인 산시방도 주목 대상이다. 그리고 시진핑 모교인 칭화대를 중심으로 한 칭화방과 펑리위안 여사를 앞세운 세력 등이다.

이들 여섯 개 파벌은 현재 숨을 죽이고 있지만 2027년을 전후로 서서히 정치 전면에 나서며 시진핑 이후 시대의 패권을 다툴 전망이다. 시진핑은 투쟁은 과감해야 한다고 말한다. 그런 지도자 밑에 성장한 이들의 후계 싸움은 격렬할 것이다. 중국 정가에 한바탕 회오리바람이 몰아닥치는 건 시간문제로 보인다.

4장

시진핑은 독재자
딜레마에 빠졌나

"종교는 무엇에 의지해 그 내부를 다스린다고 생각하는가?"

2015년 봄 중국 베이징. 당시 중국 공산당 서열 6위의 정치국 상무위원으로 반反부패의 칼을 가차 없이 휘두르던 왕치산 중앙 기율검사위원회 서기가 질문을 던졌다.

갑작스레 질문을 받은 이는 미국 학자 프랜시스 후쿠야마. 자유주의와 공산주의 간 이데올로기 대결에서 자유주의가 승리했다는 논문「역사의 종언」을 써 유명해진 인물이다. 후쿠야마의 한자 이름은 '복산福山'이다.

그래서 왕치산과 후쿠야마의 대담은 두 사람 이름의 끝 자가 '산山'이라는 점에 착안해 '쌍산회雙山會' 또는 '이산회二山會'라 불렸다.

후쿠야마는 당시 중국 정부가 기획한 좌담회 참석차 베이징을 방문했다가 왕치산을 만났다. 왕치산은 이날 후쿠야마의 말을 들으려 하지 않고 자기주장을 펼치기에 바쁜 모습이었다.

왕치산은 "중국이나 서방이나 추구하는 본질은 모두 같으나 형식은 다르다"라고 운을 뗐다. 이어 중국이 현재 걷고 있는 "중국 특색의 길이란 중국 공산당이 법치 등 모든 걸 이끄는 것을 뜻한다"라고 설명했다. 중국에선 중국 공산당이 절대자에 해당한다는 이야기다.

그렇다면 중국 공산당은 완벽한 존재인가? 언제나 무오류인가? 중국 공산당의 잘못은 또 누가 감독해야 하는가의 문제가 남게 된다.

왕치산은 바로 이 대목에서 종교 내부의 치리治理 문제를 거론했다. 후쿠야마는 느닷없는 종교 이야기에 적지 않게 당황했다는 후문이다.

왕치산은 종교가 스스로 감독하듯 중국 공산당 또한 자기가 자기를 감독하는 게 전혀 문제가 되지 않는다는 걸 말하고 싶었던 것 같다.

서방이 중국을 공격할 때 단골 메뉴가 바로 공산당 일당 전제에 대한 지적이다. 그 누구의 견제도 받지 않으니 자연히 썩을 수밖에 없다. 절대 권력은 절대 부패하지 않느냐는 이야기다.

왕치산의 이날 발언은 이 같은 서구의 공격에 대해 중국 나름대로 방어 논리를 개발한 것으로 볼 수 있다. 종교가 자신의 내부 감독에 의지하듯이 중국 공산당 또한 스스로 감독을 통해 부패의 나락으로 떨어지는 걸 막을 수 있다는 주장이다.

왕치산은 덧붙여 말하길 "의학계에서 자기가 자기를 수술한 사례를 찾아봤더니 러시아의 한 외과 의사가 스스로 맹장 수술을 한 적이 있다"라고 했다. 당 기구인 기율검사위원회를 통해 부패 척결 운동을 하는 게 바로 종교의 자아 감독에 해당하는 행위란 이야기다.

후쿠야마와의 대담을 통해 알려진 왕치산의 발언은 중국이 얼마나 일당 독재의 정당성을 확보하고자 애쓰고 있는지를 잘 보여준다.

한데 몇 해 전 미국 포린어페어 지에 따르면 독재 체제도 세월의 흐름에 따라 적지 않은 변화를 겪고 있다.

20세기의 독재 체제는 대부분 1당 독재의 형태를 취했다. 그러나 21세기 들어서선 1당이 아닌 1인 독재 형태가 많아지고 있다는 거다. 조사에 따르면 냉전이 종식되기 이전인 1988년 세계의 독재 또는 권위주의 국가들 가운데 1인 독재 체제는 23%였는데 점차 늘어나 40%에 이른다는 것이다.

1인 독재의 대표적 인물이 블라디미르 푸틴 러시아 대통령이다. 2000년 집권해 20년 넘게 대권을 쥐고 있다. 튀르키예의 에

르도안 대통령도 2003년 총리, 2014년 대통령에 오른 이후 지금까지 권력의 최정상을 지키고 있다.

시진핑도 예외는 아니다. 2012년 집권 이후 덩샤오핑이 공들여 구축한 집단지도체제를 허물고 헌법 수정까지 하는 등 언제 물러날지 모르는 중국의 1인자가 됐다.

독재 체제는 부정적인 유산을 남기기 쉽다. 그중에서도 1인 독재는 최악의 결과를 초래할 수 있다.

우선 1인 독재 체제는 최상의 지도부를 꾸리기가 어렵다. 인선의 기준이 능력이나 자질이 아니라 1인자에 대한 충성 여부다. 중국에서는 흔히 '정치적으로 정확한가 아닌가'라는 표현을 쓴다.

2022년 10월 시진핑 집권 3기 지도부인 7인 정치국 상무위원이 내외신 기자회견장에 들어서자 세계가 놀랐다. 차세대 총서기로 기대를 모았던 후춘화 전 부총리가 사라지고 시진핑 파벌인 시자쥔이 모든 자리를 차지했기 때문이다. 이는 시진핑에 대한 충성 여부로 인사를 단행한 결과였다. 그러자 일각에선 국가를 경영할 지도부를 꾸린 게 아니라 성省급 정도의 단위를 이끌 팀을 짠 게 아니냐는 비아냥이 나오기도 했다.

외교부장에 오른 지 6개월 만에 낙마한 친강秦剛의 경우를 보자. 차관급인 주미 대사였던 친강은 2022년 12월 장관인 외교부장으로 승진하더니 불과 3개월 만에 부총리급인 국무위원으로 선출됐다. 고위 관료가 되기 위해선 까다로운 검증의 시간과 함께 업적 쌓기가 필요한데 친강의 경우엔 이런 과정과 절차가 상당 부분 무시됐다. 어떻게 이런 일이 가능했을까? 최고 지도자 시진핑의 눈에 들었기 때문이다. 친강은 2015년부터 3년 넘게 외교부 내 의전 업무를 담당하며 고압적인 의전으로 시진핑의 위신 세우기에 총력을 다했다. 그 결과 외교부 내 쟁쟁한 경쟁자들을 물리치고 초고속 승진을 거듭했다. 그러다 중국 역대 최단기 외교부장이란 오명을 쓰고 스러지기에 이른 것이다.

미 뉴욕타임스 칼럼니스트 데이비드 브룩스에 따르면 1인 독재자는 대개 최고의 인재를 발탁하지 않는다. 자신을 위협할 수 있다고 보기 때문이다.

대신 그저 평범한 인물들을 발탁한다. 그러다 보니 정부는 1등급이나 2등급이 아닌 3등급 인사들로 채워지는 경우가 다반사다. 이는 1인 독재 리스크의 두 번째 문제인 치리 능력의 부재로 이어진다.

유능하지 못한 고위 관료들이 황제가 된 통치자의 비위만 맞추려 할 뿐 실제 업무 처리 능력은 떨어져 이렇다 할 성적을 내지 못한 채 국정 운영을 파탄의 경지로 몰아가는 상황이다.

그런 대표적 경우를 중국의 제로 코로나 정책에서 볼 수 있다. 세계는 이미 코로나 바이러스와 함께 살아가는 방법을 터득했지만, 중국은 그러지 못했다. 시진핑은 PCR유전자증폭 검사와 철통같은 봉쇄를 통해 유지되는 제로 코로나 정책을 사회주의 체제의 우월성을 선전하는 계기로 삼으려고 했다. 이러한 최고 지도자의 욕심에 영합하기 위해 중국의 어느 고위 관료 하나 시진핑에게 제대로 된 조언을 하지 못했다.

결국 중국 인민의 분노가 '백지 운동'으로 폭발한 뒤에야 놀란 중국 당국은 제로 코로나 정책을 수정할 수 있었다.

'유일한 존엄定於一尊'이 된 시진핑에겐 당내 견제 세력이 없다. 쓴소리하던 이들은 붙잡혀 철창에 갇혔거나 해외로 도망간 상태다. 자연히 정책 결정은 폐쇄적인 소집단 안에서 이뤄지게 되는데 이때 그 누구도 시진핑의 귀에 거슬리는 말을 입에 올리지 않는다.

그렇게 정보의 흐름이 왜곡되다 보니 인민을 위한 정책이 나오기 어렵다.

"사교육 없애라"라는 시진핑의 한 마디에 2조 위안약 364조 원에 달하는 사교육 시장이 붕괴됐고, "주택은 사람이 사는 곳이지 투기하는 게 아니다"라는 호령에 부동산 시장이 빈사 상태다.

'애들이 공부는 안 하고 게임만 한다'라는 인식 속에 게임은 금, 토, 일 각각 한 시간씩만 허용되는 바람에 잘나가던 중국의 게임산업이 직격탄을 맞았다.

또 여자처럼 곱상한 남자인 냥파오娘炮를 추방하라는 명령에 아이돌 스타가 쫓겨나는 현상도 발생한다.

경제 또한 제대로 굴러갈 리가 없다. 총리는 외자 유치에 안간 힘을 쓰고 있지만, 시진핑 주석이 우선하는 안보 제1의 원칙에 따라 반反간첩법 개정판이 나오며 중국을 찾으려는 외국인 발길이 줄어드는 상황이다. 사상 유례없는 청년 실업률이 보여주듯 민생은 갈수록 팍팍해지며 인민의 불만은 높아진다.

결국 2023년 8월엔 당 원로와 시진핑 간 충돌이 벌어졌다는 보도가 나왔다. 일본 니혼게이자이 신문에 따르면 중국 전·현직 지도부 인사들이 매년 여름 개최하는 베이다이허北戴河 회의에서 쩡칭훙 전 국가부주석이 시진핑에게 현 중국 상황에 대한 문제점을 지적했고, 이에 화가 난 시진핑이 이후 측근들에게 마구 분노를 터뜨리고 있다는 것이다.

중화권 인터넷 공간에선 격분한 시진핑이 덩샤오핑과 장쩌민, 후진타오 등을 싸잡아 비난하고, 부동산과 금융, 은행 등을 욕하면서 "나는 못 하겠으니 여러분 중 누가 하려면 해 보라. 나는 쉬겠다. 나도 사람이지 신이 아니다"라는 말을 쏟아냈다는 말까지도는 상황이다. 일본 언론과 중화권 인터넷 공간에 떠도는 말의 사실 여부는 확인이 어렵지만, 시진핑이 총체적 난국을 맞아 어려운 상황에 빠진 것만큼은 확실하다.

이쯤 되면 1인 독재 리스크의 세 번째 문제가 등장한다. 14억 중국 인민의 일거수일투족을 감시하는 사회 통제 강화는 당연한 일이고, 국가 내부의 불만을 외부로 돌리기 위한 시도가 이뤄진다. 바로 국경 너머에 적을 만드는 것이다. 중화민족의 부상을 방해하는 국가로 지목된 미국과의 갈등은 따라서 필연적이다. 덩치 큰 미국은 그래도 중국과의 마찰을 견딜 수 있다.

문제는 미국에 보조를 맞추는 국가로 중국에 낙인이 찍혀 유탄을 맞게 되는 경우다. 한·중 간 사드THAAD 갈등이 그런 경우다. 중국은 사드를 한국에 설치하고 운용하는 미국에 대해선 제대로 항의조차 못 하면서 한국을 향해서는 모질게 분풀이한다.

시진핑은 경쟁자가 없다. 따라서 정책이 실패하면 그 책임을 오롯이 혼자 져야 한다. 그리고 그런 상황으로 몰리면 더 자주 외부 탓을 하게 된다.

여기서 주목할 건 1인 독재자가 전쟁 등 무력도발에 나서는 경향이 있다는 점이다. 과거 쿠웨이트를 침공한 이라크의 사담 후세인이나 우크라이나 침공에 나선 푸틴이 전형적인 예다. 1인 독재는 당내 라이벌 세력이 존재하지 않아 모험주의적인 행동에 나설 가능성이 크다고 한다. 시진핑 또한 1인 체제 유지를 위해 조국 통일의 대업을 달성한다는 명분을 내걸고 언제 대만 침공을 단행할지 현재로선 아무도 알 수 없다.

1인 독재가 갖는 또 다른 문제는 모든 업무에 개입하는 최고 지도자의 판단이 항상 옳을 수는 없다는 점이다. 섣부른 친강의 발탁이나 우크라이나 침략국인 러시아 편에 서는 것 같은 지도자의 판단 오류가 중국을 더욱 어렵게 만들고 있다.

그러나 잊지 말아야 할 건 1인 독재자는 늘 자신의 무오류를 내세우며 국민의 이익은 언제든지 헌신짝처럼 버릴 수도 있다는 사실이다.

'독재자의 딜레마'란 말이 있다. 독재자는 자신의 지위를 남이 노릴까 항상 불안해하며 사람을 믿지 못한다. 측근조차 말이다. 그래서 무능한 자들로 주변을 채우기 마련이다. 그래야 자신을 위협하기 어렵다고 생각한다.

그러다 보니 국정 운영이 엉망이 되며 오히려 자신의 지위가 위태로워지는 것이다. 조 바이든 미 대통령으로부터 "독재자"란 말을 듣는 시진핑 주석이 앞으로 풀어야 할 가장 큰 숙제 중 하나가 바로 1인 독재 리스크다.

★··· **맺음말**

'열 길 물속은 알아도 한 길 사람 속은 모른다'라는 말이 있다.
사람 마음은 그만큼 알기 어려운 법인데 시진핑 중국 국가주
석의 경우가 딱 그렇다. 시진핑이 2007년 10월 열린 17차 당 대
회에서 중국 최고 지도부인 정치국 상무위원회에 진입하며 차세
대 리더의 자리를 예약했을 때 그 누구도 오늘과 같은 시진핑의
모습을 예상하지 못했다.

그로부터 3년 뒤인 2010년 10월 서울에서 중앙일보 중국연구
소 주최로 열린 국제 세미나가 생각난다. 당시 중국연구소는 창
립 3주년을 맞아 '21세기 중국의 리더십을 묻는다'를 주제로 포
럼을 개최했다. 발표자로 중국 지도부 인사 문제와 관련해 세계
적으로 명성이 자자한 미국의 리청李成, Cheng Li 박사를 초청했다.
리청은 당시 미중美中 전국관계위원회 위원이며 브루킹스연구

소 썬톤차이나센터의 연구 주임이었다. 그는 시진핑과 리커창이 2012년부터 중국의 미래를 이끌기 위해 이미 신발 끈을 단단히 조이고 있다고 말했다.

포럼이 끝난 뒤 사석에서 그에게 시진핑 이후의 중국 지도부가 어떻게 구성될 것 같냐고 물었다. 그는 예측하기 어렵다고 답했다. 왜?

시진핑은 마오쩌둥과 덩샤오핑, 장쩌민, 후진타오의 뒤를 잇는 5세대 지도자인데 앞으로 중국에서 '6세대 지도자' 같은 말은 나오지 않을 것이라는 이유에서였다. 즉 시진핑 집권 10년이 지나면 중국이 너무 민주화돼서 지도자는 인민에 의해 뽑힐 것이라는 이야기였다.

이제 돌이켜보니 당시만 해도 중국의 미래에 대해 참으로 낙관적이었구나 하는 생각을 떨칠 수가 없다. 리청 박사가 시진핑을 잘못 봤지만, 그게 어디 리청 뿐이겠나. 심지어 시진핑을 권좌에 앉힌 쩡칭훙 전 국가부주석 또한 사람을 잘못 봐도 한참은 잘못 본 케이스다. 시진핑 집권 이후 쩡칭훙의 아들이 시진핑이 휘두르는 반부패 사정의 칼날을 피해 멀리 호주로 도피한 이야기는 유명하다.

솔직히 세상 모두 시진핑을 정확하게 알지 못했다. 2012년 11

월 시진핑이 중국의 1인자가 됐을 때 많은 찬사가 따랐다. 그의 중국몽 비전 제시는 '천자天子의 귀환' 정도로 받아들여졌고, 그가 광둥성 선전을 방문해 덩샤오핑의 동상에 헌화했을 때는 중국이 앞으로도 흔들림 없이 개혁개방의 길을 갈 것으로 여겨졌다. 반부패의 칼을 휘두르는 건 새로운 청렴의 시대를 여는 것으로 칭찬받았다.

서민적인 풍모에 대중이 즐겨 입는 점퍼를 입고, 일반 식당에서 군중과 함께 줄을 서자 중국 인민은 열광했다. 그런 그를 중국인은 '시 주석'이라는 말 대신 시진핑 아저씨라는 뜻의 '시 따따大大'라 불렀다.

한데 쇼는 그리 길지 않았다. "거울 보고 옷매무새 똑바로 하라" 등과 같은 문화대혁명 내음 물씬 나는 지시가 잇따르기 시작했기 때문이다. 뭔가 이상하다는 생각이 들긴 했지만 깊이 의심하지는 않았다.

시진핑이 서방 세계가 기대한 지도자가 아니라는 의구심을 처음 제기한 사람은 미국의 중국 전문가 데이비드 샴보로 알려져 있다. 2015년 무렵이다.

시진핑의 언행과 정책은 중국이 열린 사회가 되는 것과 거리가 멀었다. 2015년 7월 9일 중국 내 인권 변호사 등 이른바 공공지식인을 마치 소탕이라도 하듯 대거 체포한 사건은 시진핑의 중국이 앞으로 어디로 갈지를 예고한 상징적 사건이다.

반대 목소리를 없애는 건 독재의 전형적인 행태다. 이후 시진 핑의 행보는 주지하는 바다. 라이벌을 철저하게 부줬다. 무엇보 다 2018년 3월 헌법을 수정해 국가주석의 임기 제한을 없앰으로 써 종신 집권의 길을 열었다.

시진핑 집권 이전 미국의 대중 정책 골자는 '관여engagement' 정 책이었다. 중국과의 자유무역을 통해 중국의 경제가 발전하면 중산층이 성장하고. 이들의 요구에 따라 중국에 정치적 민주화 가 이뤄진다는 것이다.

한데 시진핑은 중국 경제가 발전하고 중산층이 성장해도 중국 이 민주화되지 않을 것임을 분명하게 보여주고 있다. 오히려 한 발 더 나아가 세계의 권위주의 정권에 감시 시스템을 판매하는 것과 같은 '중국 방안'을 제공하겠다고 외친다.

그 결과 신냉전이니 패권전쟁과 같은 미·중 갈등의 시대가 막 을 열었다. 무역에서 기술과 안보, 이데올로기, 국제 규범 등 거 의 모든 영역에서 미·중은 전면전을 펼치는 모습이다.

미국에선 중국이 미국을 따돌리고 세계 패권을 장악하려는 계 획을 오래전부터 추진해 왔다는 등 이른바 중국의 '음험한 계획' 을 폭로하는 저술이 잇따른다. 도널드 트럼프의 대중 정책을 마 련하는 데 큰 역할을 한 마이클 필스버리의 2015년 저작 『백 년의 마라톤The Hundred-Year Marathon』이나 마이클 베클리와 할 브랜즈의 2022년 공동 저작인 『중국은 어떻게 실패하는가Danger Zone』등이 대표적이다.

그런데 우리 상황은 참으로 묘하다. 일반 대중의 정서는 2016년 중국의 사드THAAD 보복 이후 급격히 악화해 80% 이상이 중국을 좋아하지 않는 것으로 나타난다. 한데 학계에서는 시진핑 집권 이후 달라진 중국의 상황에 대한 비판적인 연구, 그리고 그 연구에 기인한 결과물이 별로 보이지 않는다. 대중이 보고 느끼는 걸 학계가 몰라서인가, 아니면 의도적으로 외면하고 있는 것인가. 저간의 사정을 모르는바 아니나 이건 아니라는 생각을 떨칠 수 없다. 이게 시진핑 탐구에 나서게 된 계기다.

다행히 중앙일보에서 오랜 세월 중국 문제를 다룰 수 있는 배려가 주어져 시진핑 등장 이전부터 중국 정가를 체크하는 자료를 축적할 수 있었던 게 큰 도움이 됐다. 특히 1990년대 말부터 2000년대 초반 6년 외에도 2019년 초 다시 베이징 특파원으로 나가 코로나19 사태 등 2년 더 현지 취재를 할 수 있었던 건 큰 행운이었다. 시진핑 치하의 중국이 현재 어떤 모습인지를 생생하게 확인할 수 있었기 때문이다.

시진핑 탐구는 국내외 많은 중국 연구자의 지혜를 빌린 것이다. 이 책에서 인용한 많은 연구자의 혜안에 경의를 표한다. 아울러 나름 노력했으나 역량의 부족을 실감함을 토로한다.

앞으로 우리 학계에서 더 깊이 있는 시진핑 중국 연구가 나왔으면 하는 바람이다. 결국 중국과의 논쟁에서 우리가 기댈 수 있는 마지막 언덕은 학계의 연구 결과물이기 때문이다.

시진핑 탐구

초판 1쇄 인쇄 2023년 10월 10일
초판 1쇄 발행 2023년 10월 16일

지은이 유상철
펴낸이 손장환
디자인 윤여웅
펴낸 곳 LiSa

등록   2019년 3월7일 제 2019-000070호
주소   서울시 마포구 독막로 20나길 22, 103-802 우편번호 04076
전화   010-3747-5417
이메일 mylisapub@gmail.com

ISBN   979-11-966542-5-2 03300